Contents

Differences to 5

Count the blocks, then cross them out to help you subtract.

4 − 1 = __3__

4 − 3 = _____

3 − 2 = _____

5 − 3 = _____

5 − 1 = _____

3 − 1 = _____

5 − 2 = _____

4 − 2 = _____

5 − 4 = _____

1 − 1 = _____

Differences to 5

Draw 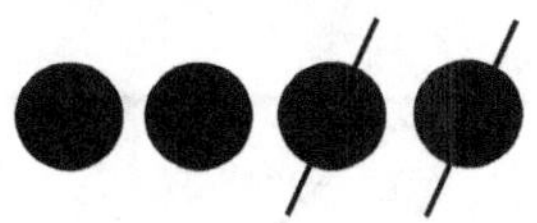s, then cross them out to help you subtract.

4 − 2 = __2__   5 − 3 = _____

3 − 1 = _____   4 − 3 = _____

5 − 1 = _____   3 − 2 = _____

4 − 1 = _____   5 − 2 = _____

1 − 1 = _____   5 − 4 = _____

Differences to 5

Subtract. Use the key to color the picture.

Color Key
0 – red
1 – blue
2 – green
3 – orange
4 – purple
5 – yellow

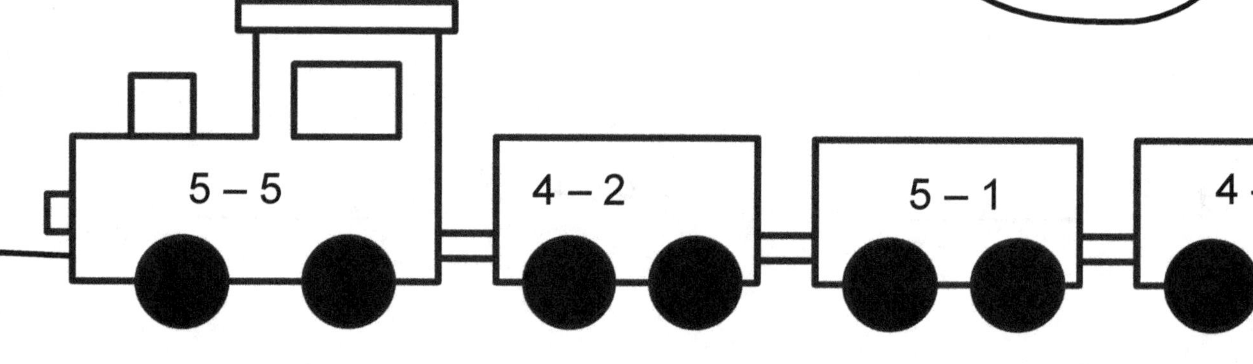

Subtract.

3 – 3 = ______   2 – 1 = ______   5 – 4 = ______

2 – 0 = ______   2 – 2 = ______   4 – 3 = ______

3 – 2 = ______   1 – 1 = ______   4 – 2 = ______

5 – 2 = ______   1 – 0 = ______   4 – 4 = ______

4 – 0 = ______   3 – 0 = ______   5 – 1 = ______

Subtraction Facts from 0 to 5

Subtract.

4 − 2	3 − 2	3 − 1	4 − 3	2 − 2
5 − 2	5 − 0	1 − 1	2 − 0	5 − 3
5 − 1	4 − 0	4 − 4	2 − 1	4 − 3
5 − 4	4 − 1	1 − 0	3 − 3	5 − 5

BRAIN STRETCH

$5 - 2 - 1 =$ $4 - 3 - 0 =$

Subtraction Practice

Write the number sentence.

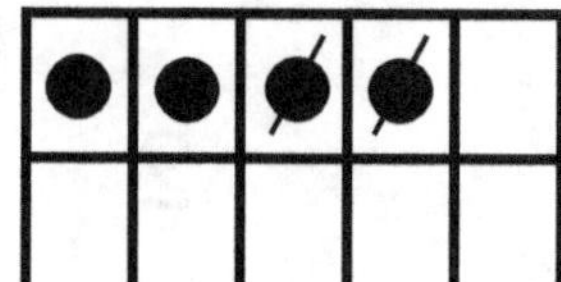

$$\underline{\quad 4 \quad} - \underline{\quad 2 \quad} = \underline{\quad 2 \quad}$$

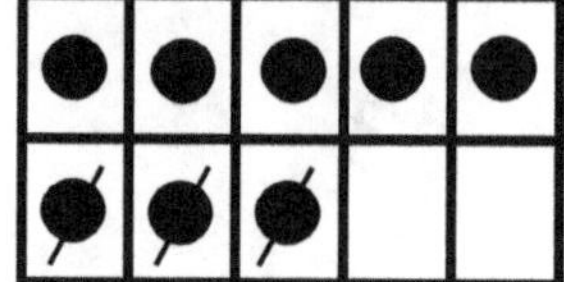

$$\underline{\qquad} - \underline{\qquad} = \underline{\qquad}$$

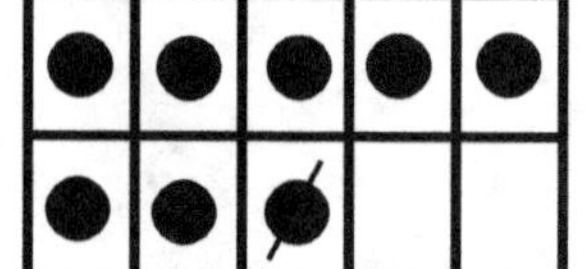

$$\underline{\qquad} - \underline{\qquad} = \underline{\qquad}$$

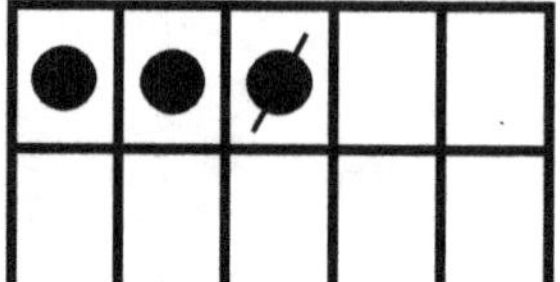

$$\underline{\qquad} - \underline{\qquad} = \underline{\qquad}$$

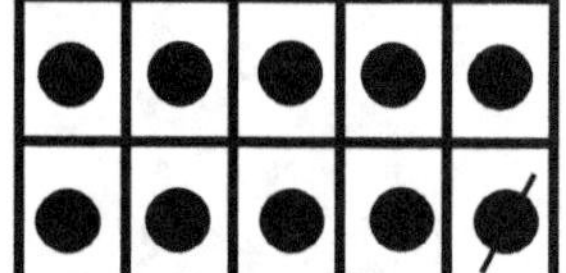

$$\underline{\qquad} - \underline{\qquad} = \underline{\qquad}$$

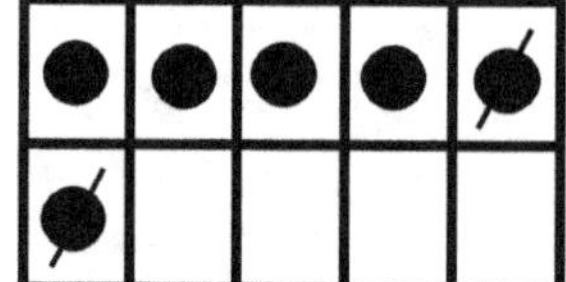

$$\underline{\qquad} - \underline{\qquad} = \underline{\qquad}$$

$$\underline{\qquad} - \underline{\qquad} = \underline{\qquad}$$

$$\underline{\qquad} - \underline{\qquad} = \underline{\qquad}$$

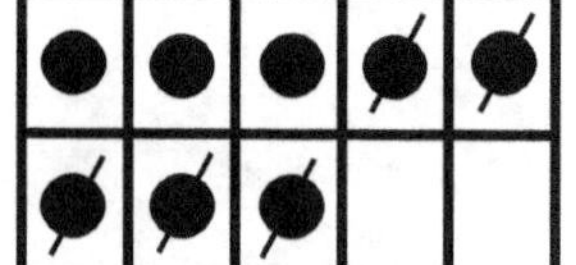

$$\underline{\qquad} - \underline{\qquad} = \underline{\qquad}$$

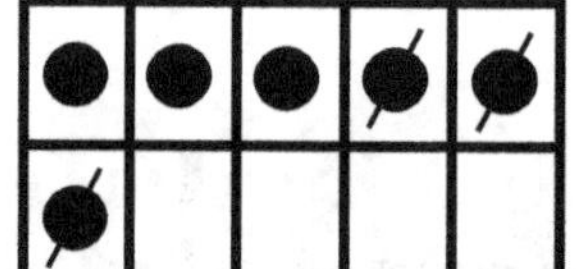

$$\underline{\qquad} - \underline{\qquad} = \underline{\qquad}$$

Subtraction Practice

Write the number sentence.

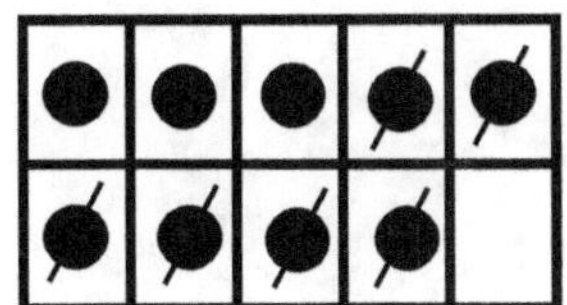

_______ − _______ = _______

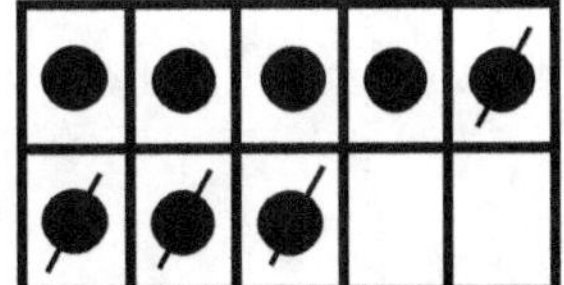

_______ − _______ = _______

_______ − _______ = _______

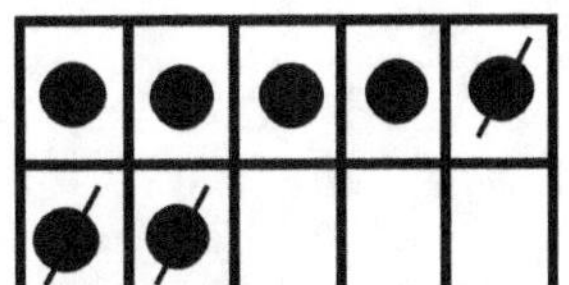

_______ − _______ = _______

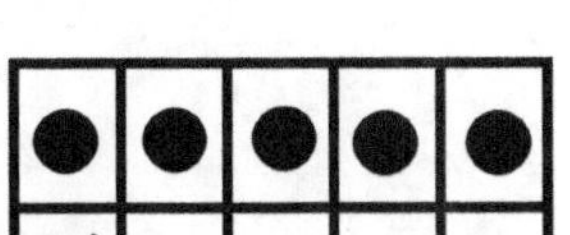

_______ − _______ = _______

_______ − _______ = _______

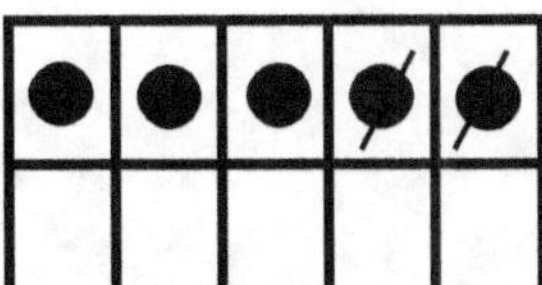

_______ − _______ = _______

_______ − _______ = _______

_______ − _______ = _______

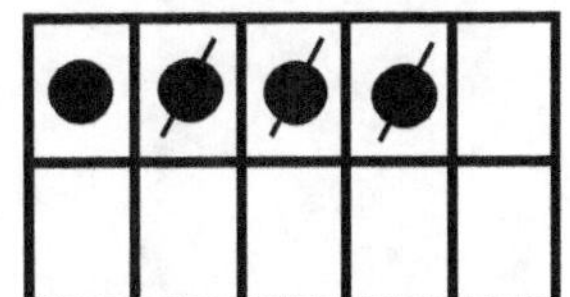

_______ − _______ = _______

How Many Ways Can You Subtract from Ten?

Use the ten frames to show different ways to subtract from ten.

10 – 6 = 4

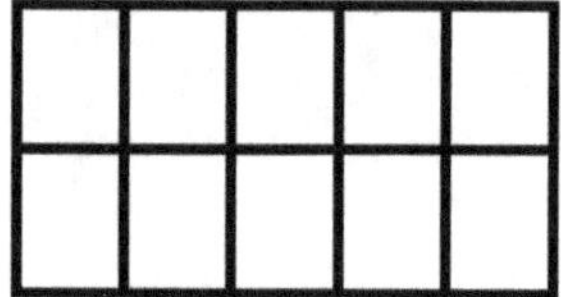

10 – ___ = ___

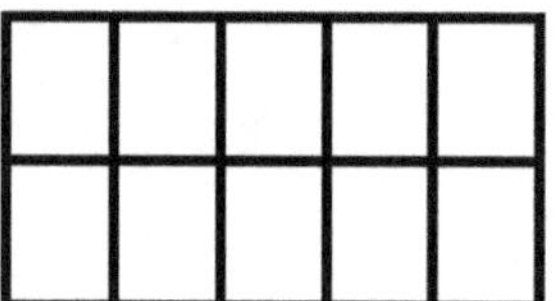

10 – ___ = ___

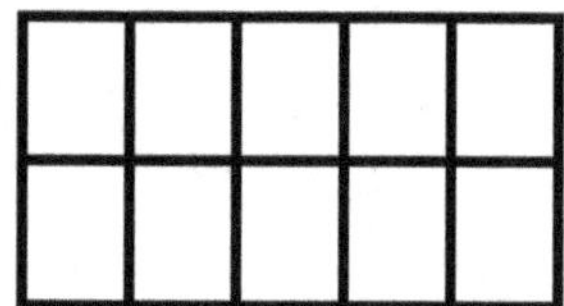

10 – ___ = ___

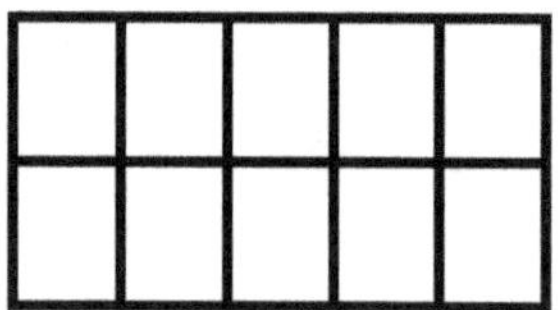

10 – ___ = ___

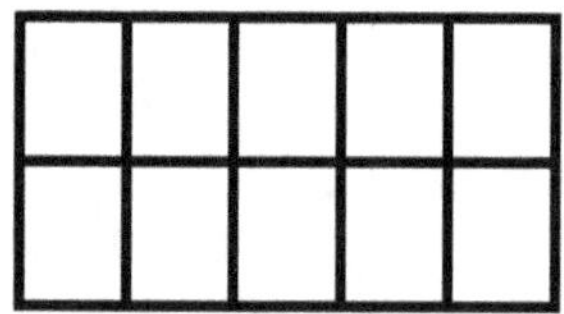

10 – ___ = ___

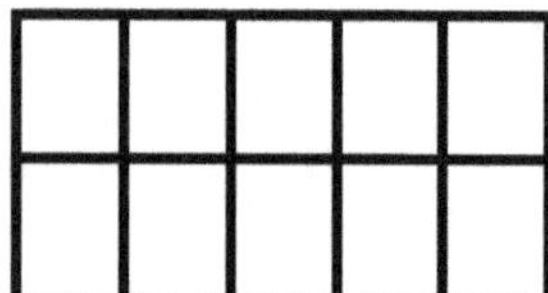

10 – ___ = ___

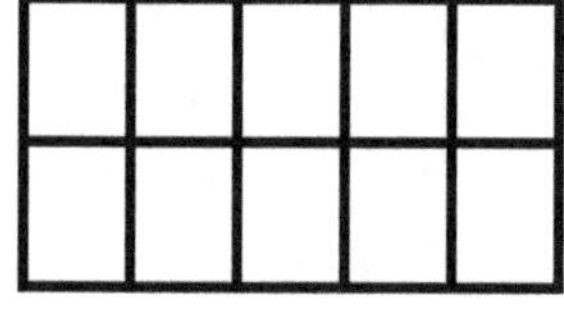

10 – ___ = ___

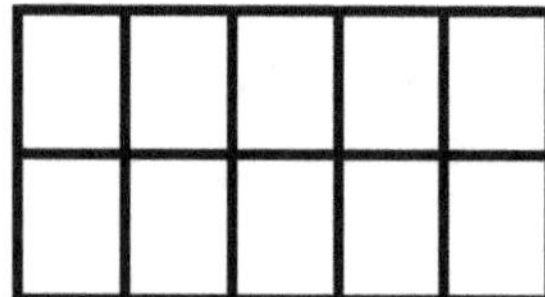

10 – ___ = ___

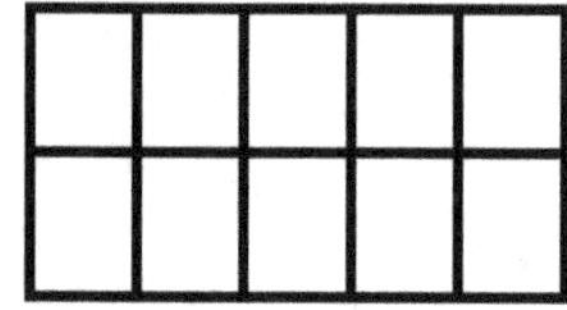

10 – ___ = ___

Subtract 1 or 2 by Counting Back

<table>
<tr><td>

Subtract 1 by counting back.

3 – 1 = _______

Count back from the first number.

Count out loud.

  3   2

Stop when 1 finger is up.

3 – 1 = __**2**__

</td><td>

Subtract 2 by counting back.

5 – 2 = _______

Count back from the first number.

Count out loud.

  5   4   3

Stop when 2 fingers are up.

5 – 2 = __**3**__

</td></tr>
</table>

Subtract by counting back.

8 – 1 = _______ 8, _______	3 – 2 = _______ 3, _______, _______
9 – 1 = _______ 9, _______	7 – 2 = _______ 7, _______, _______
4 – 1 = _______ 4, _______	4 – 2 = _______ 4, _______, _______
10 – 1 = _______ 10, _______	6 – 2 = _______ 6, _______, _______

Subtraction Facts for 0, 1, or 2

Subtract. Remember to count back.

9 − 2	8 − 1	5 − 0	9 − 1	6 − 0
10 − 3	6 − 2	9 − 0	2 − 1	4 − 2
7 − 1	8 − 0	3 − 0	6 − 1	10 − 2
4 − 1	5 − 1	7 − 2	4 − 3	8 − 2
3 − 2	7 − 0	2 − 2	1 − 1	3 − 1

Subtraction Facts for 3, 4, or 5

Subtract.

6 − 4	9 − 5	4 − 4	8 − 3	7 − 5
10 − 3	8 − 4	6 − 5	9 − 4	5 − 5
6 − 6	10 − 5	8 − 5	3 − 3	7 − 6
10 − 4	7 − 4	9 − 3	4 − 3	5 − 4

BRAIN STRETCH

6 − 1 − 3 =   8 − 3 − 1 =

Use a Number Line to Subtract

Use a number line to subtract.

$8 - 4 =$ **4**

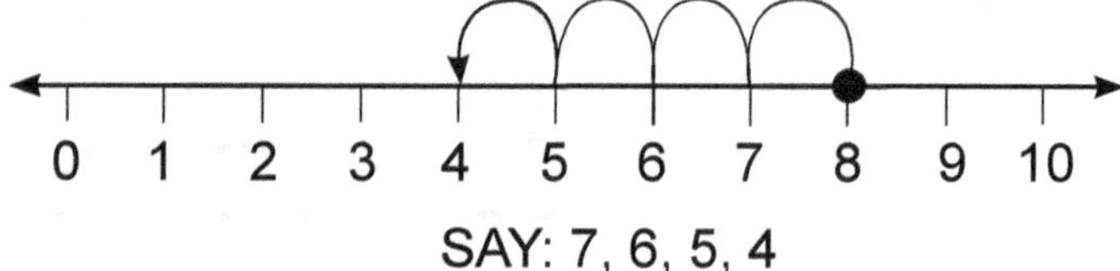

SAY: 7, 6, 5, 4

Mark a dot at 8.
Draw 4 jumps to count back.
Stop at 4.

Use the number line to subtract. Mark a dot to show where you start.
Next count back by drawing the jumps. Write the answer.

$9 - 5 =$ _____

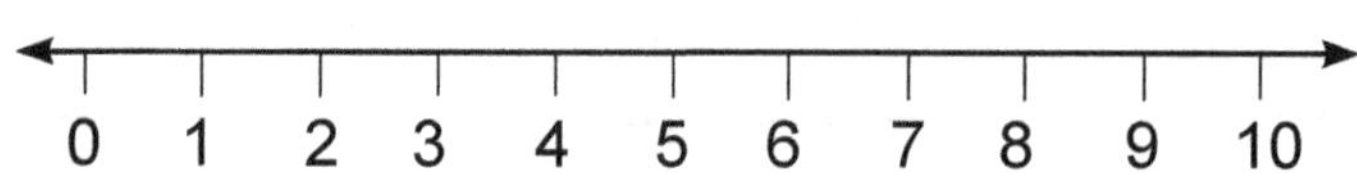

$6 - 4 =$ _____

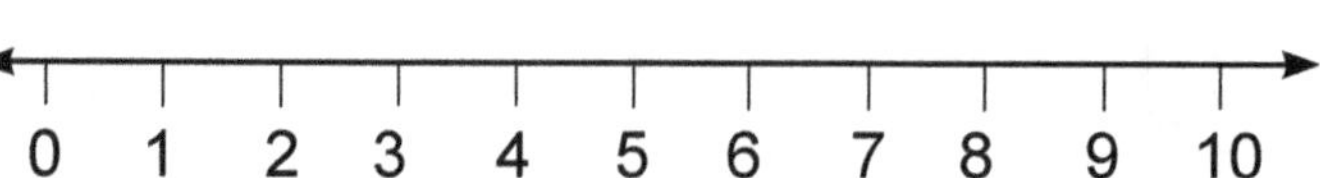

$4 - 1 =$ _____

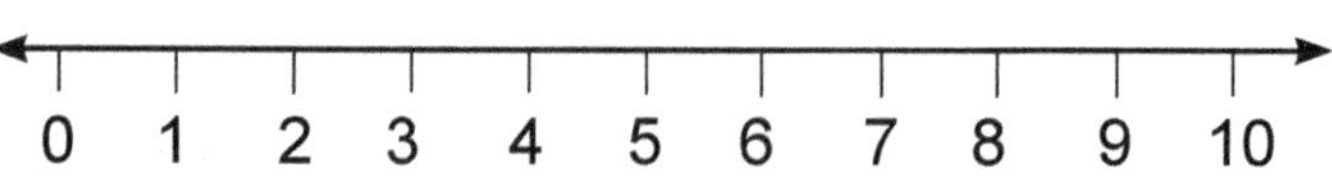

$7 - 2 =$ _____

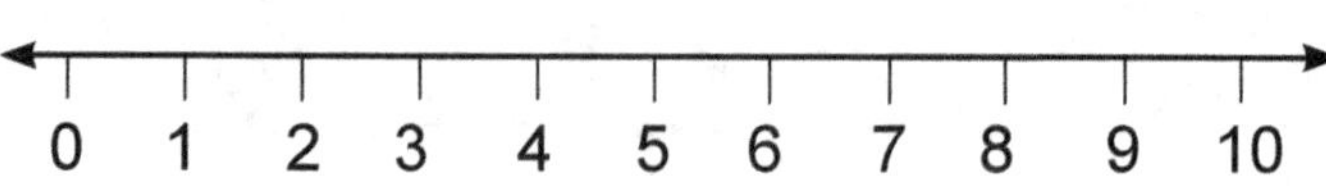

Use a Number Line to Subtract

Use the number line to subtract. Mark a dot to show where you start.
Next count back by drawing the jumps. Write the answer.

9 − 6 = _____

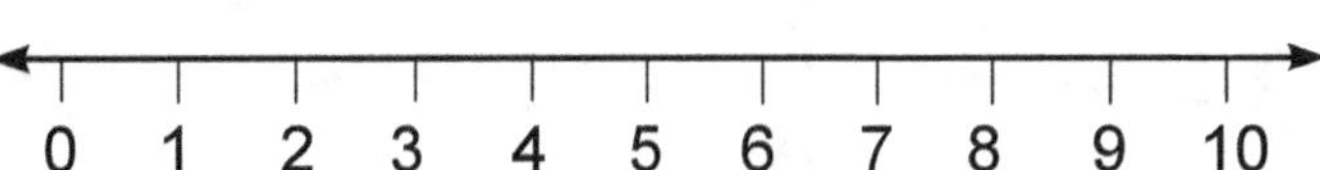

5 − 2 = _____

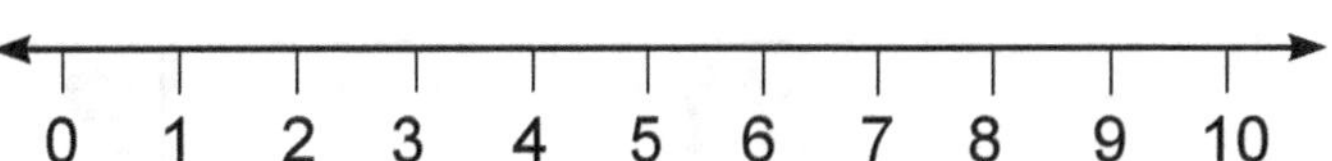

7 − 5 = _____

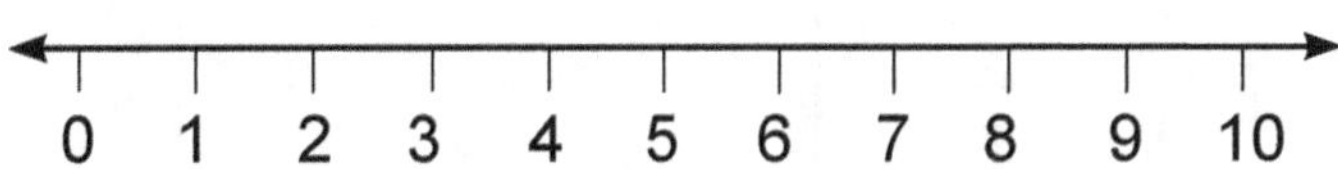

8 − 1 = _____

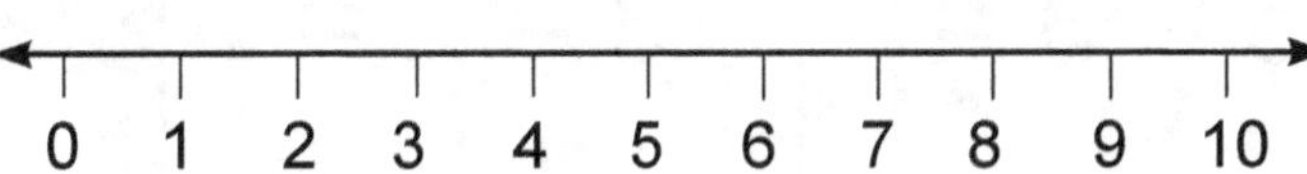

10 − 8 = _____

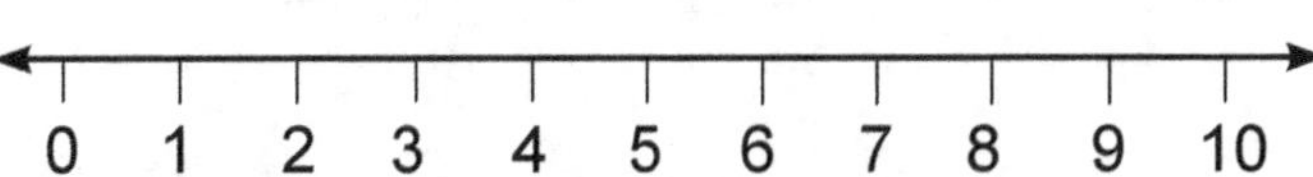

3 − 3 = _____

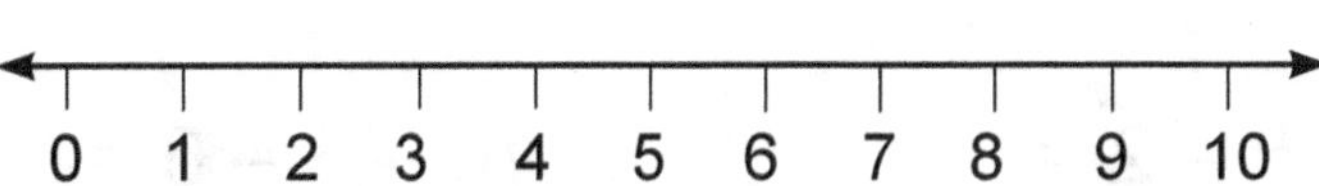

9 − 7 = _____

Math Riddle: Subtraction from 0 to 10

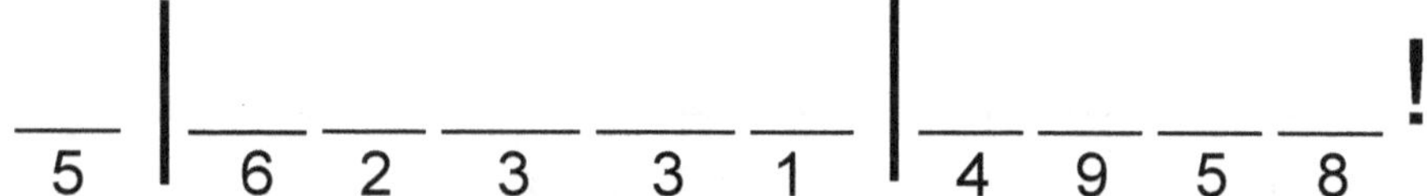

__ | __ __ __ __ __ | __ __ __ __ !
5 | 6 2 3 3 1 | 4 9 5 8

A $9 - 4 =$	**B** $7 - 3 =$	**C** $9 - 2 =$	**E** $9 - 0 =$
G $8 - 2 =$	**M** $4 - 1 =$	**P** $10 - 0 =$	**R** $10 - 2 =$
U $5 - 3 =$	**Y** $3 - 2 =$		

Watch out! Some letters are not used in the riddle.

BRAIN STRETCH 

$10 - 5 - 2 =$ ____ $10 - 3 - 6 =$ ____ $9 - 4 - 1 =$ ____

Make Subtraction Sentences

Cross out the blocks you want to take away. Color the blocks left.
Complete the subtraction sentence.

4 – __3__ = __1__ 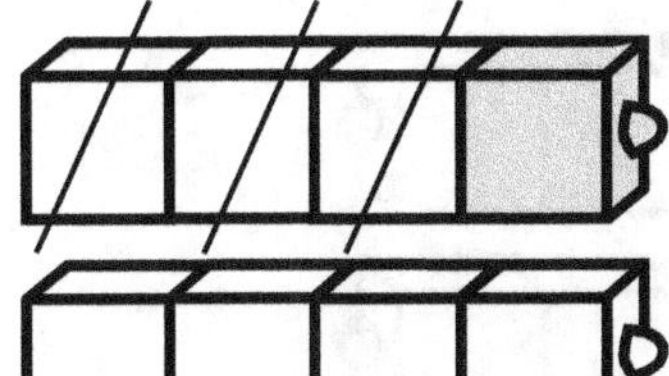

4 – ___ = ___ 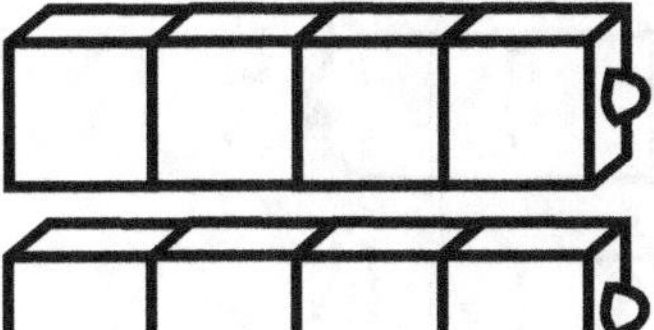

4 – ___ = ___ 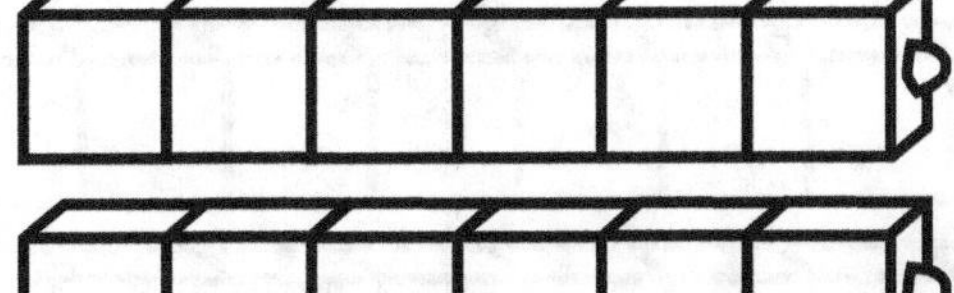

4 – ___ = ___

6 – ___ = ___ 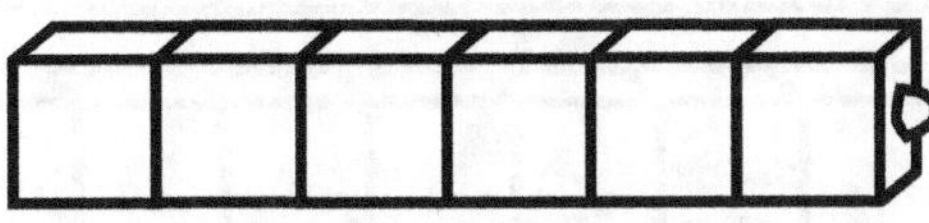

6 – ___ = ___ 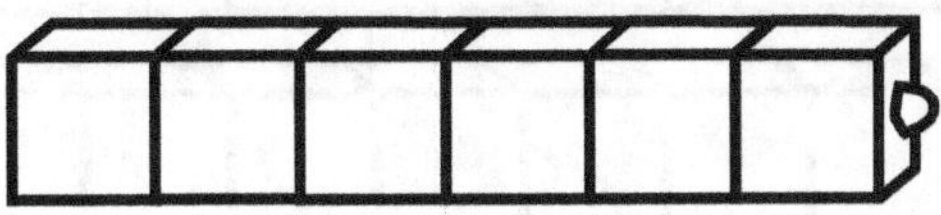

6 – ___ = ___

6 – ___ = ___

9 – ___ = ___ 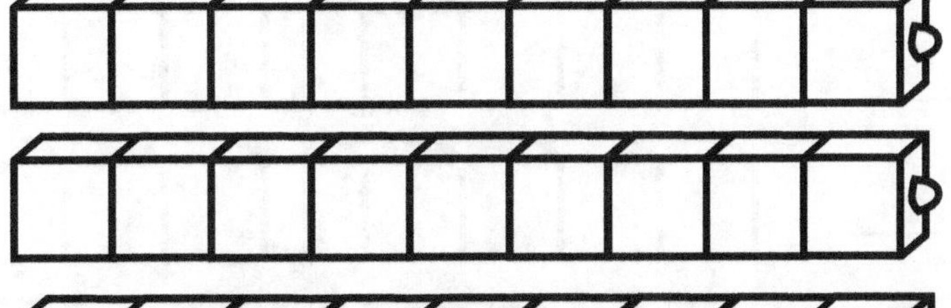

9 – ___ = ___ 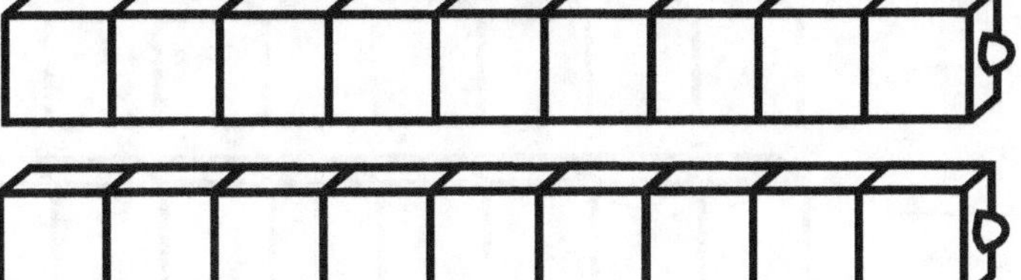

9 – ___ = ___

9 – ___ = ___

Make Subtraction Sentences

Cross out the blocks you want to take away. Color the blocks left.
Complete the subtraction sentence.

5 – _____ = _____

5 – _____ = _____

5 – _____ = _____

5 – _____ = _____

12 – _____ = _____

12 – _____ = _____

12 – _____ = _____

12 – _____ = _____

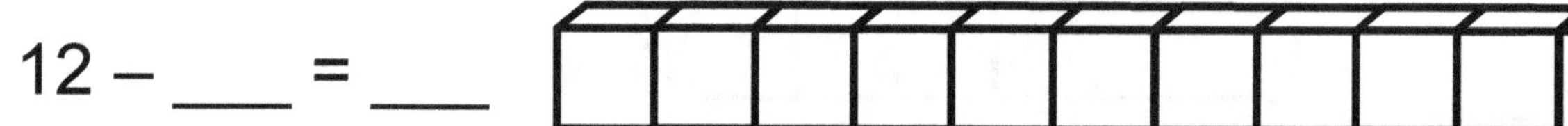
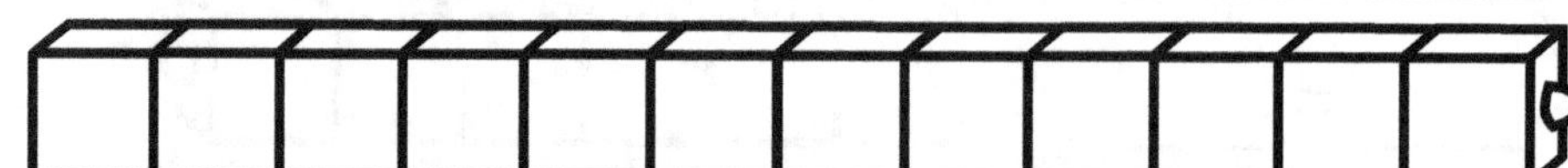
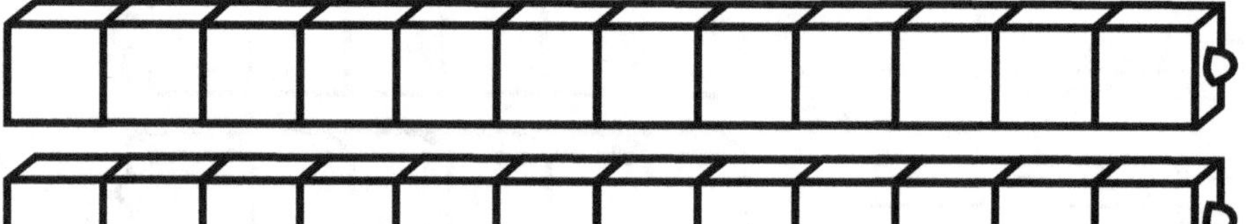

8 – _____ = _____

8 – _____ = _____

8 – _____ = _____

8 – _____ = _____

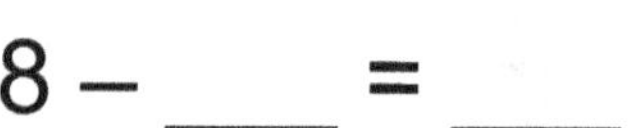
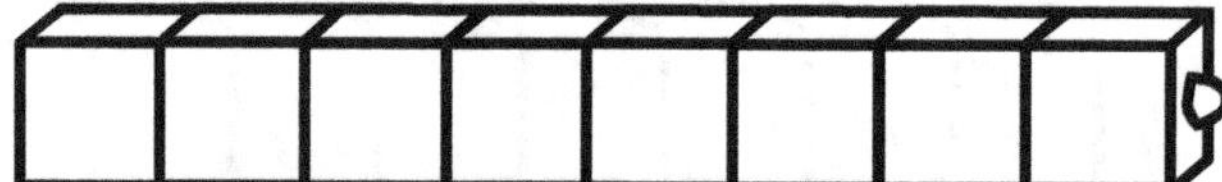
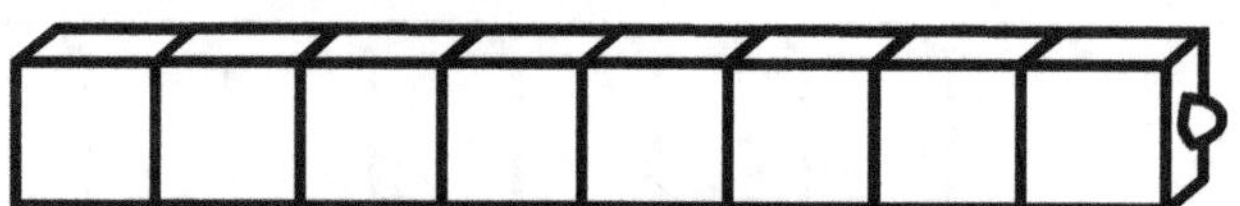
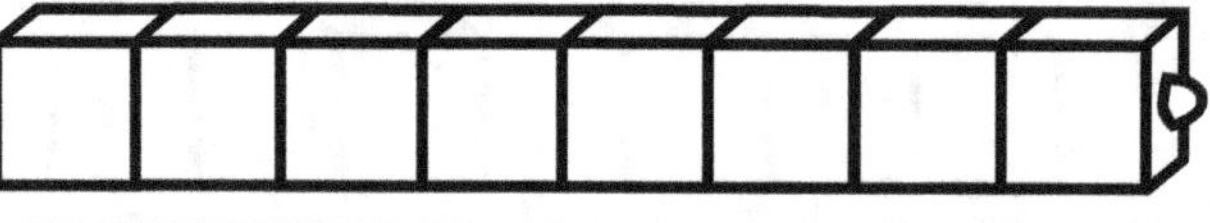

Make Subtraction Sentences

Cross out the blocks you want to take away. Color the blocks left.
Complete the subtraction sentence.

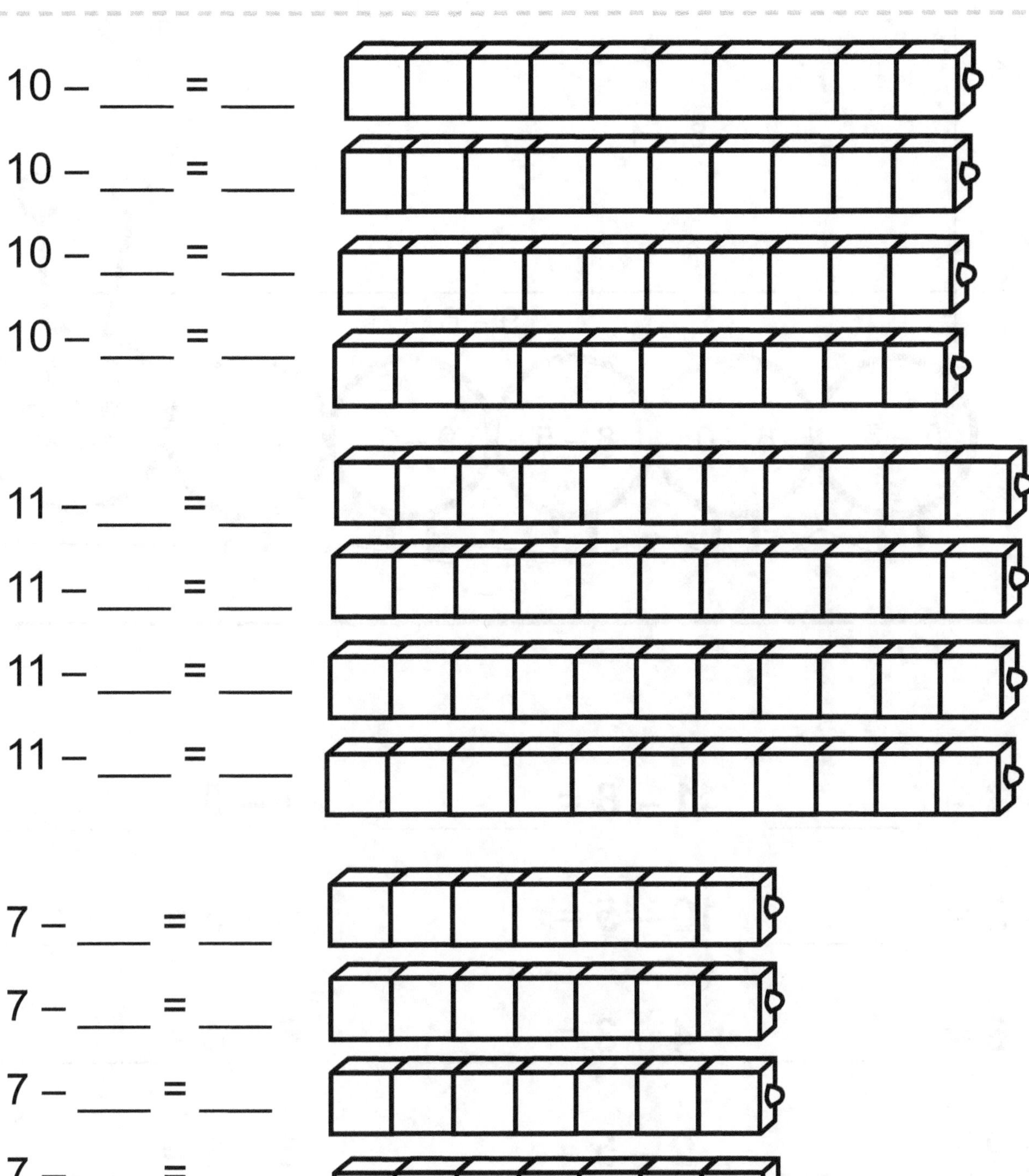

10 – ___ = ___

10 – ___ = ___

10 – ___ = ___

10 – ___ = ___

11 – ___ = ___

11 – ___ = ___

11 – ___ = ___

11 – ___ = ___

7 – ___ = ___

7 – ___ = ___

7 – ___ = ___

7 – ___ = ___

Differences from 0 to 12

Subtract. Use the key to color the picture.

Color Key
1 – yellow
2 – orange
3 – green
4 – blue
5 – red
6 – black
7 – purple
8 – brown

Subtract.

3 – 3 = _____	11 – 8 = _____	1 – 0 = _____
4 – 2 = _____	10 – 5 = _____	5 – 2 = _____
7 – 6 = _____	4 – 3 = _____	6 – 4 = _____
8 – 2 = _____	9 – 5 = _____	3 – 1 = _____
7 – 4 = _____	12 – 6 = _____	10 – 7 = _____

Match the subtraction sentences to the correct answer.

Left column	Middle	Right column
8 – 2 =	7	10 – 1 =
5 – 1 =	3	5 – 3 =
10 – 2 =	4	4 – 4 =
7 – 6 =	2	10 – 0 =
6 – 3 =	9	9 – 2 =
9 – 0 =	10	10 – 4 =
4 – 2 =	0	7 – 2 =
10 – 0 =	5	8 – 7 =
9 – 4 =	6	9 – 1 =
8 – 1 =	8	6 – 2 =
1 – 1 =	1	8 – 5 =

Fill in the missing numbers to complete the differences.
Use the number line or counters to help.

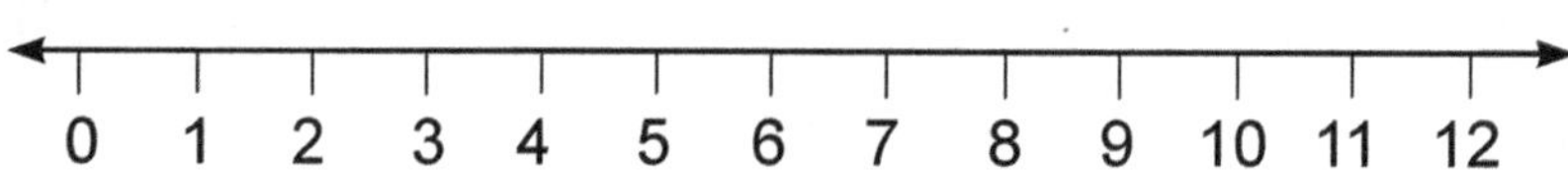

☐ − 6 = 5	10 − ☐ = 1	5 − ☐ = 4	☐ − 7 = 4	9 − ☐ = 8
9 − ☐ = 4	11 − ☐ = 9	☐ − 0 = 5	☐ − 6 = 3	13 − ☐ = 5
☐ − 10 = 1	3 − ☐ = 2	☐ − 4 = 0	12 − ☐ = 6	10 − ☐ = 5
11 − ☐ = 8	10 − ☐ = 3	☐ − 9 = 1	☐ − 7 = 5	8 − ☐ = 6

BRAIN STRETCH

$$12 - \underline{\quad} - 2 = 5 \qquad 10 - 5 - \underline{\quad} = 4 \qquad \underline{\quad} - 6 - 1 = 4$$

What do you call cheese that is not yours?

___ ___ ___ ___ ___ | ___ ___ ___ ___ ___ ___ !
 8   2   3   1   7   3   1   4   4   9   4

A	B	C	D
9 − 7	10 − 4	8 − 5	9 − 4

E	H	K	N
6 − 2	7 − 6	12 − 2	11 − 3

O	S
12 − 5	10 − 1

Watch out! Some letters are not used in the riddle.

BRAIN STRETCH

12 − 6 − 4 = _____   11 − 5 − 3 = _____   12 − 9 − 1 = _____

Subtract 1 or 2 by Counting Back

Count back to subtract.

14 − 1 = **13** 14, **13**	19 − 2 = **17** 19, **18**, **17**
20 − 1 = _____ 20, _____	14 − 2 = _____ 14, _____, _____
16 − 1 = _____ 16, _____	20 − 2 = _____ 20, _____, _____
15 − 1 = _____ 15, _____	18 − 2 = _____ 18, _____, _____
19 − 1 = _____ 19, _____	13 − 2 = _____ 13, _____, _____
17 − 1 = _____ 17, _____	15 − 2 = _____ 15, _____, _____
13 − 1 = _____ 13, _____	16 − 2 = _____ 16, _____, _____

Make 10 to Subtract

Make 10 to make an easier problem. Then subtract.

$12 - 9 =$

$12 - 9 = \underline{\textbf{13}} - 10 = \underline{\textbf{3}}$

I know $9 + 1 = 10$.
So I add 1 to each number.
Then I subtract to get the answer.

$14 - 8 =$

$14 - 8 = \underline{} - 10 = \underline{}$

Add 2 to each number.

$17 - 6 =$

$17 - 6 = \underline{} - 10 = \underline{}$

Add ___ to each number.

$19 - 6 =$

$19 - 6 = \underline{} - 10 = \underline{}$

Add ___ to each number.

$18 - 7 =$

$18 - 7 = \underline{} - 10 = \underline{}$

Add ___ to each number.

$13 - 9 =$

$13 - 9 = \underline{} - 10 = \underline{}$

Add ___ to each number.

$15 - 7 =$

$15 - 7 = \underline{} - 10 = \underline{}$

Add ___ to each number.

$16 - 7 =$

$16 - 7 = \underline{} - 10 = \underline{}$

Add ___ to each number.

Make 10 to Subtract

Make 10 to make an easier problem. Then subtract.

12 – 7 =

12 – 7 = ___ – 10 = ___

Add 3 to each number.

18 – 6 =

18 – 6 = ___ – 10 = ___

Add 4 to each number.

16 – 9 =

16 – 9 = ___ – 10 = ___

Add ___ to each number.

17 – 8 =

17 – 8 = ___ – 10 = ___

Add ___ to each number.

14 – 7 =

14 – 7 = ___ – 10 = ___

Add ___ to each number.

15 – 9 =

15 – 9 = ___ – 10 = ___

Add ___ to each number.

13 – 8 =

13 – 8 = ___ – 10 = ___

Add ___ to each number.

19 – 8 =

19 – 8 = ___ – 10 = ___

Add ___ to each number.

Subtract by 7, 8, or 9, from 11 to 20

Find each difference. You can subtract by counting back.

15 − 7	13 − 8	17 − 9	19 − 8	20 − 8
17 − 7	11 − 8	15 − 9	20 − 7	12 − 8
14 − 9	11 − 7	14 − 8	16 − 9	10 − 9
15 − 8	12 − 7	18 − 8	13 − 9	16 − 7
12 − 9	19 − 9	16 − 8	14 − 7	11 − 9

Subtraction Practice: Differences from 11 to 15

Find each difference. You can subtract by counting back.

13 − 7 = ☐	12 − 8 = ☐	14 − 2 = ☐	15 − 9 = ☐	11 − 7 = ☐
12 − 9 = ☐	15 − 0 = ☐	11 − 6 = ☐	12 − 3 = ☐	14 − 4 = ☐
15 − 4 = ☐	11 − 4 = ☐	13 − 2 = ☐	12 − 5 = ☐	14 − 6 = ☐
14 − 7 = ☐	12 − 4 = ☐	13 − 1 = ☐	15 − 6 = ☐	11 − 5 = ☐

BRAIN STRETCH

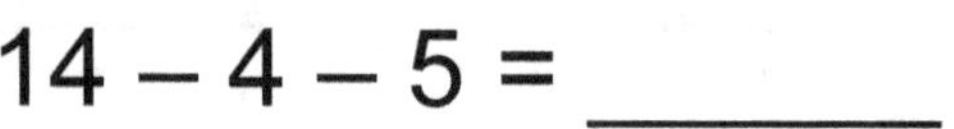

$14 - 4 - 5 =$ _______　　　$15 - 9 - 3 =$ _______

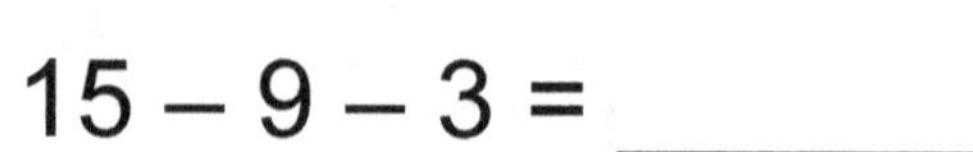

$16 - 8 - 6 =$ _______　　　$20 - 7 - 9 =$ _______

Subtraction Practice: Differences from 16 to 20

Find each difference. You can subtract by counting back.

16 − 7	19 − 9	17 − 9	18 − 8	20 − 10
□	□	□	□	□

17 − 7	19 − 10	16 − 9	20 − 3	18 − 9
□	□	□	□	□

16 − 2	19 − 7	17 − 10	16 − 3	20 − 1
□	□	□	□	□

17 − 8	20 − 2	18 − 2	19 − 3	16 − 4
□	□	□	□	□

18 − 6	19 − 3	16 − 8	19 − 4	20 − 5
□	□	□	□	□

Subtraction Practice: Differences from 11 to 20

Find each difference. You can subtract by counting back.

13 − 7	12 − 8	14 − 9	20 − 10	11 − 5
17 − 10	19 − 3	16 − 2	18 − 9	15 − 10
15 − 2	11 − 8	20 − 2	14 − 7	19 − 9
14 − 6	12 − 2	13 − 5	16 − 10	15 − 8

BRAIN STRETCH

14 − 4 − 5 = _______   19 − 9 − 3 = _______

16 − 8 − 6 = _______   20 − 2 − 9 = _______

Missing Numbers

Fill in the missing numbers to complete the differences.
Use the number line or counters to subtract.

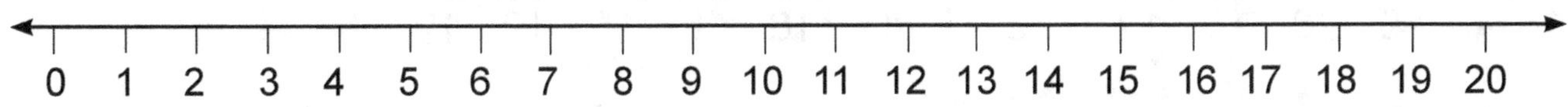

$$\begin{array}{r}\boxed{}\\-\ 8\\\hline 5\end{array}$$

$$\begin{array}{r}14\\-\ \boxed{}\\\hline 13\end{array}$$

$$\begin{array}{r}19\\-\ \boxed{}\\\hline 17\end{array}$$

$$\begin{array}{r}\boxed{}\\-\ 7\\\hline 8\end{array}$$

$$\begin{array}{r}16\\-\ \boxed{}\\\hline 8\end{array}$$

$$\begin{array}{r}13\\-\ \boxed{}\\\hline 4\end{array}$$

$$\begin{array}{r}18\\-\ \boxed{}\\\hline 9\end{array}$$

$$\begin{array}{r}\boxed{}\\-\ 10\\\hline 10\end{array}$$

$$\begin{array}{r}\boxed{}\\-\ 9\\\hline 6\end{array}$$

$$\begin{array}{r}13\\-\ \boxed{}\\\hline 5\end{array}$$

$$\begin{array}{r}\boxed{}\\-\ 10\\\hline 7\end{array}$$

$$\begin{array}{r}13\\-\ \boxed{}\\\hline 11\end{array}$$

$$\begin{array}{r}\boxed{}\\-\ 4\\\hline 9\end{array}$$

$$\begin{array}{r}12\\-\ \boxed{}\\\hline 6\end{array}$$

$$\begin{array}{r}10\\-\ \boxed{}\\\hline 5\end{array}$$

$$\begin{array}{r}15\\-\ \boxed{}\\\hline 7\end{array}$$

$$\begin{array}{r}14\\-\ \boxed{}\\\hline 5\end{array}$$

$$\begin{array}{r}\boxed{}\\-\ 9\\\hline 7\end{array}$$

$$\begin{array}{r}\boxed{}\\-\ 7\\\hline 5\end{array}$$

$$\begin{array}{r}14\\-\ \boxed{}\\\hline 6\end{array}$$

Why did the banana go to the doctor?

___ ___ | ___ ___ ___ ___ ___ | ___ ___ ___ ___ ___ ___ ___ |
16 18   10 20 15 12   3   11 18 18 13 19 12   6

___ ___ ___ ___ !
10 18 13 13

Watch out! Some letters are not used in the riddle.

A	B	C	D	E
20 − 0	17 − 9	19 − 2	14 − 7	18 − 0
F	**G**	**H**	**I**	**J**
10 − 5	13 − 7	19 − 3	20 − 1	13 − 4
L	**M**	**N**	**O**	**P**
19 − 6	9 − 5	14 − 2	8 − 6	15 − 4
R	**S**	**T**	**W**	**Y**
2 − 1	19 − 4	12 − 9	15 − 5	18 − 4

Subtraction Facts from 0 to 20

Subtract. Use the number line to count back.

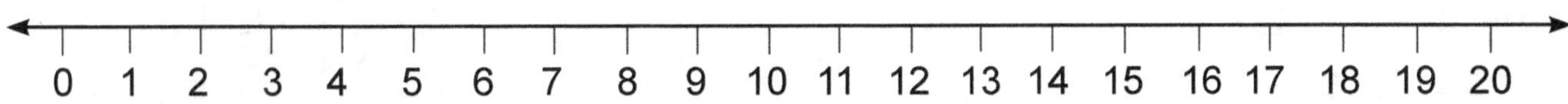

18 − 3	14 − 6	12 − 8	18 − 4	19 − 2
10 − 0	13 − 9	11 − 4	15 − 2	20 − 3
19 − 9	17 − 2	11 − 6	16 − 8	12 − 11
18 − 5	14 − 2	12 − 6	20 − 10	15 − 4

Subtracting Tens

Think of a subtraction fact to subtract tens.

Find 40 − 20
Think 4 − 2 = 2
4 tens − 2 tens = 2 tens

40 − 20 = 20

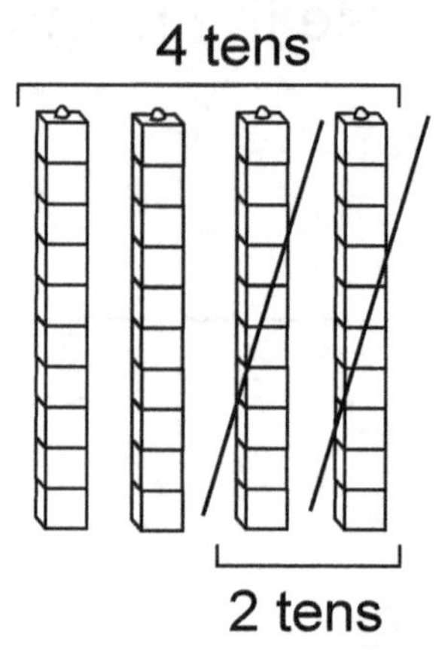

Use a basic fact to help you subtract tens.

9 − 7 = _____

90 − 70 = _____

4 − 3 = _____

40 − 30 = _____

5 − 3 = _____

50 − 30 = _____

7 − 5 = _____

70 − 50 = _____

6 − 4 = _____

60 − 40 = _____

9 − 6 = _____

90 − 60 = _____

8 − 5 = _____

80 − 50 = _____

3 − 2 = _____

30 − 20 = _____

Use a Number Line to Subtract

Use the number line to subtract. Mark a dot to show where you start.
Next, count back by drawing the jumps. Write the answer.

29 – 2 = _____ 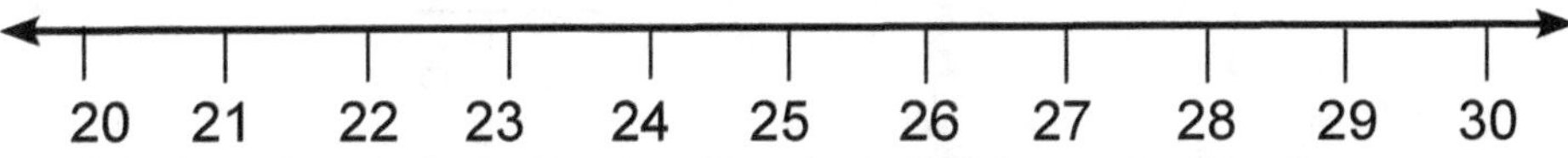

36 – 3 = _____ 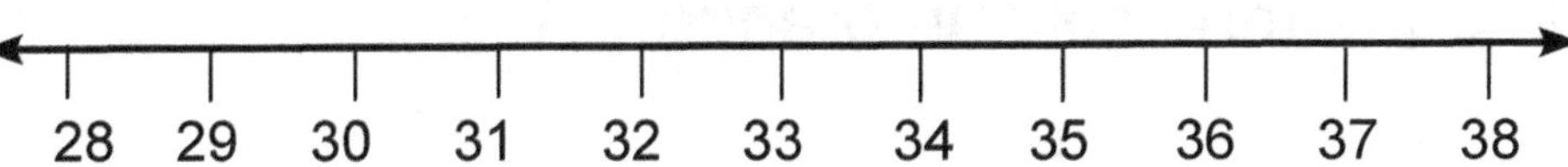

48 – 6 = _____ 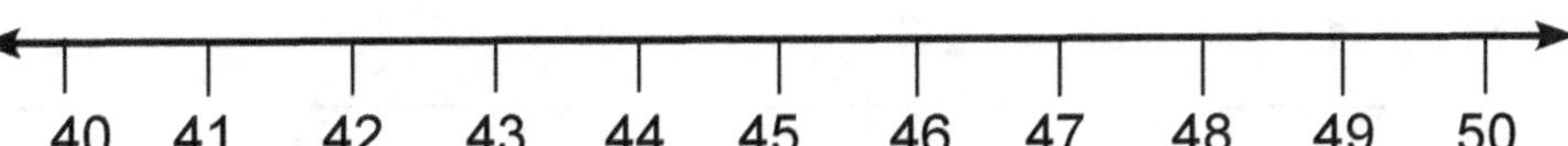

57 – 4 = _____ 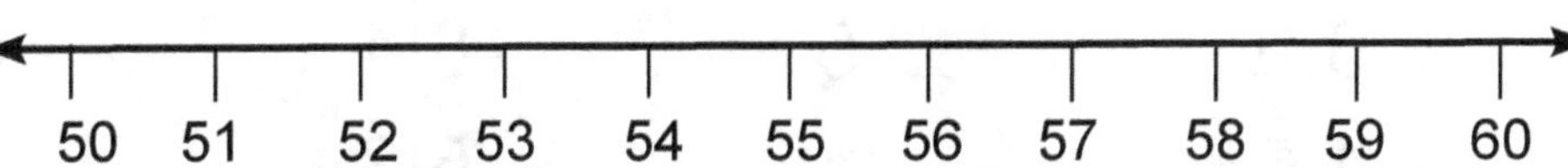

24 – 5 = _____ 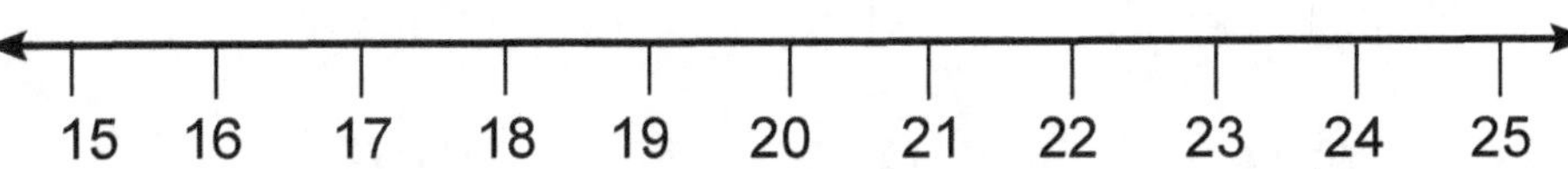

32 – 7 = _____ 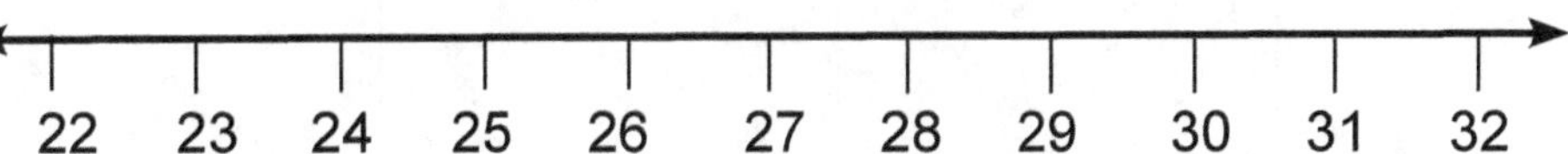

61 – 8 = _____ 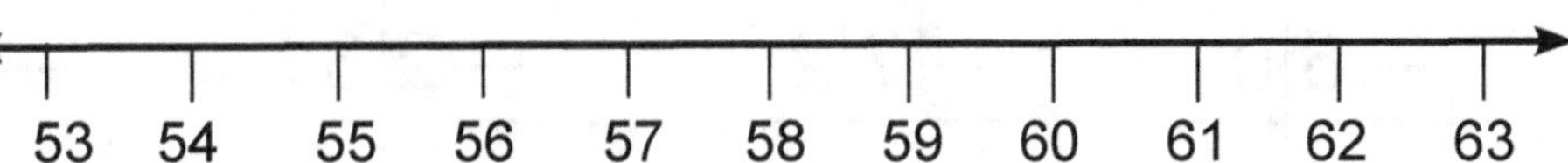

Two-Digit Subtraction Without Regrouping

First subtract the ones.   Then subtract the tens.

Line up the ones and tens.

	tens	ones
	8	7
−	4	4
		3

	tens	ones
	8	7
−	4	4
	4	3

Use a tens and ones chart to subtract. Shade the ones column yellow. Shade the tens column orange.

7	8	9	7	2	8	7	1	3	3
− 1	1	− 7	3	− 1	3	− 5	0	− 1	3

6	9	2	5	8	4	6	7	9	8
− 4	5	− 1	4	− 5	3	− 3	4	− 6	4

6	8	9	8	2	5	4	6	7	8
− 2	7	− 4	7	− 1	0	− 4	5	− 1	8

8	6	7	4	9	9	8	9	5	3
− 6	0	− 7	2	− 2	3	− 2	1	− 5	0

Two-Digit Subtraction Without Regrouping

Use a tens and ones chart to subtract.

5 | 8 − 3 | 6	7 | 7 − 4 | 0	3 | 4 − 1 | 1	4 | 6 − 3 | 4	2 | 8 − 1 | 2
8 | 7 − 5 | 2	4 | 5 − 4 | 4	9 | 9 − 2 | 5	8 | 7 − 3 | 4	4 | 7 − 2 | 0
5 | 9 − 1 | 2	8 | 9 − 4 | 3	2 | 8 − 1 | 7	7 | 6 − 7 | 6	3 | 9 − 2 | 8
6 | 7 − 2 | 5	8 | 6 − 3 | 5	9 | 4 − 7 | 3	5 | 3 − 5 | 0	5 | 9 − 2 | 9

BRAIN STRETCH 

Use ones blocks and tens blocks to subtract 37 − 22.

Why did the man run around his bed?

___ ___ | ___ ___ ___ ___ ___ | ___ ___ | ___ ___ | ___ ___ ___ |
71 42 | 41 25 71 41 31 | 52 50 | 42 11 | 31 21 92 |

___ ___ ___ ___ ___!
92 14 44 44 50

A 49 − 24	C 51 − 10	D 45 − 15	E 98 − 54	F 66 − 23	G 82 − 31
H 98 − 67	I 55 − 34	J 57 − 24	K 38 − 18	L 77 − 63	M 93 − 70
N 64 − 53	O 58 − 16	P 75 − 25	Q 17 − 5	R 39 − 29	S 96 − 4
T 99 − 28	U 82 − 30	V 86 − 54	W 38 − 14	X 87 − 27	Y 64 − 2

Why was the math book upset?

___ ___ | ___ ___ ___ | ___ | ___ ___ ___ | ___ ___ |
51 40 | 21 11 23 | 11 | 70 12 40 | 12 53 |

___ ___ ___ ___ ___ ___ ___ ___ !
10 46 12 13 70 42 20 16

A	B	C	D	E	F
82	97	37	53	65	78
− 71	− 84	− 11	− 30	− 23	− 25

G	H	I	J	K	L
40	97	91	79	66	82
− 10	− 76	− 40	− 50	− 42	− 12

M	N	O	P	Q	R
43	55	37	14	89	96
− 23	− 14	− 25	− 4	− 62	− 50

S	T	U	V	W	X
49	71	53	64	18	85
− 33	− 31	− 52	− 50	− 0	− 42

Make 20 to Subtract

Make 20 to make an easier problem. Then subtract.

23 – 18 =

23 – 18 = **25** – 20 = **5**

I know 18 + 2 = 20.
So I add 2 to each number.
Then I subtract to get the answer.

---

38 – 19 =

38 – 19 = ___ – 20 = ___

Add 1 to each number.

---

32 – 16 =

32 – 16 = ___ – 20 = ___

Add ___ to each number.

---

27 – 17 =

27 – 17 = ___ – 20 = ___

Add __ to each number.

---

44 – 19 =

44 – 19 = ___ – 20 = ___

Add ___ to each number.

---

43 – 18 =

43 – 18 = ___ – 20 = ___

Add ___ to each number.

---

31 – 16 =

31 – 16 = ___ – 20 = ___

Add ___ to each number.

---

36 – 19 =

36 – 19 = ___ – 20 = ___

Add ___ to each number.

Make 20 to Subtract

Make 20 to make an easier problem. Then subtract.

82 – 15 =

82 – 15 = ___ – 20 = ___

Add 5 to each number.

---

25 – 19 =

25 – 19 = ___ – 20 = ___

Add 1 to each number.

---

66 – 17 =

66 – 17 = ___ – 20 = ___

Add ___ to each number.

---

44 – 16 =

44 – 16 = ___ – 20 = ___

Add ___ to each number.

---

81 – 19 =

81 – 19 = ___ – 20 = ___

Add ___ to each number.

---

52 – 18 =

52 – 18 = ___ – 20 = ___

Add ___ to each number.

---

75 – 17 =

75 – 17 = ___ – 20 = ___

Add ___ to each number.

---

63 – 15 =

63 – 15 = ___ – 20 = ___

Add ___ to each number.

Practice Regrouping Ones as Tens

Count and regroup ones as tens.

If there are more than 9 ones, **regroup** 10 ones for 1 ten.

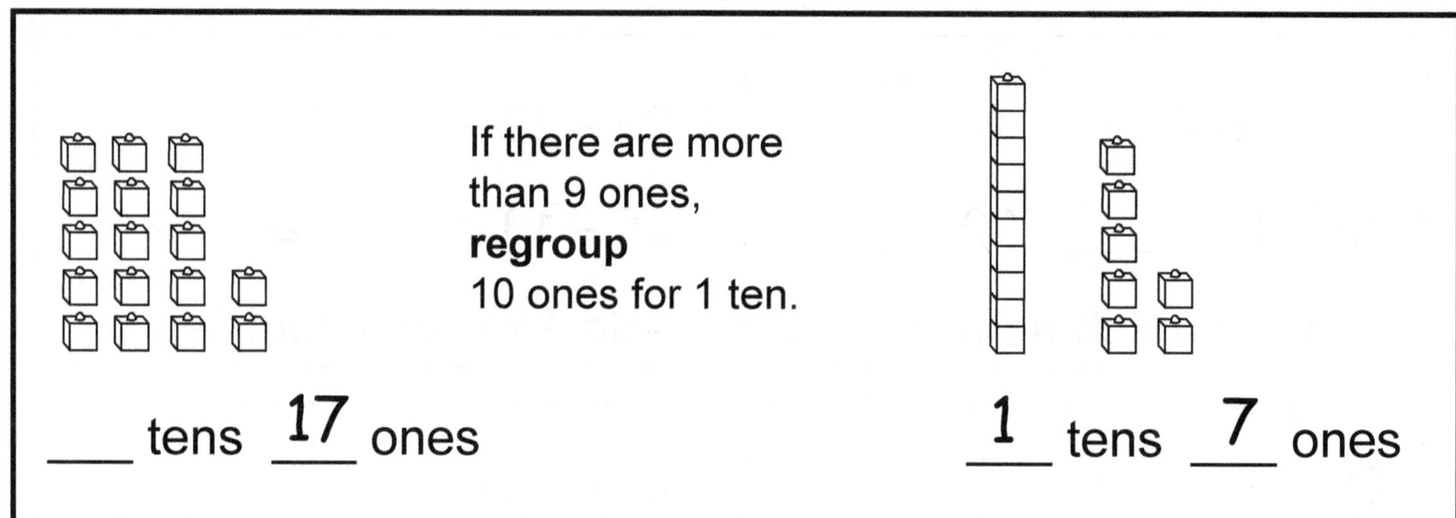

___ tens 17 ones

1 tens 7 ones

regroup

___ tens ___ ones

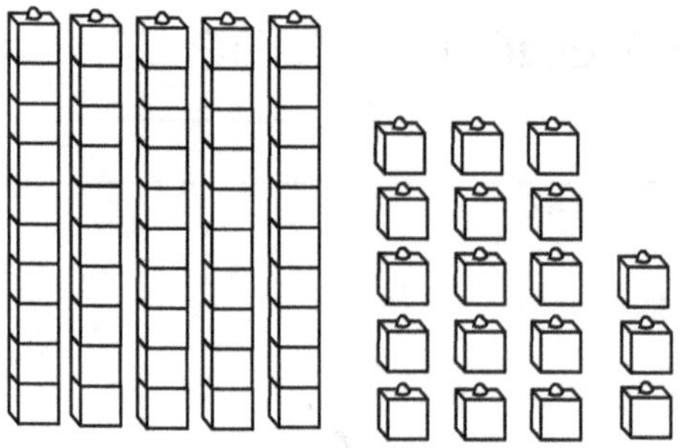

___ tens ___ ones

regroup

___ tens ___ ones

___ tens ___ ones

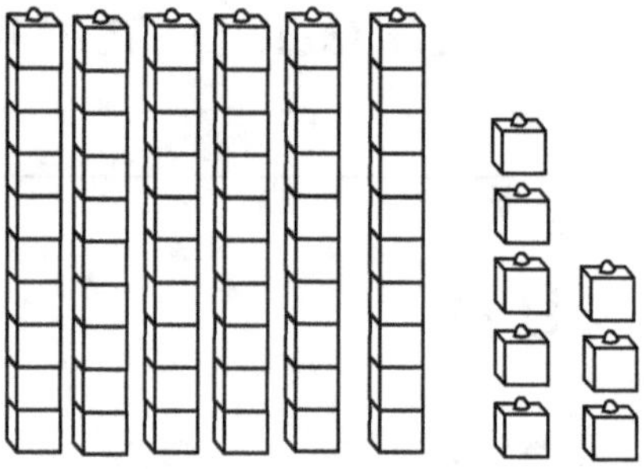

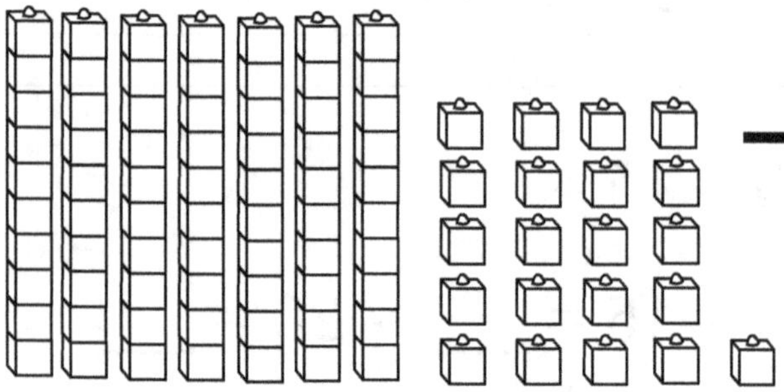

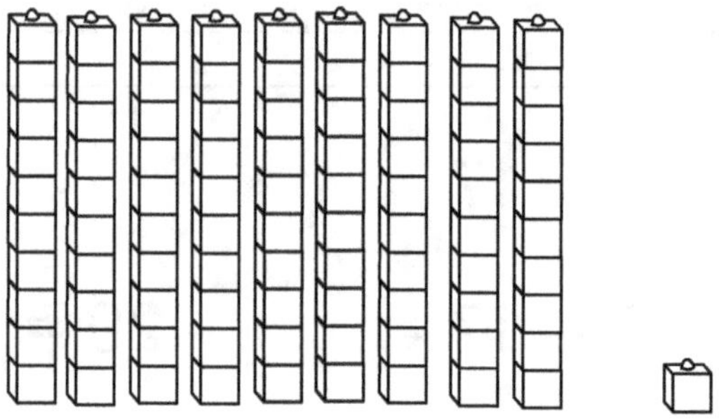

Practice Regrouping Ones as Tens

Count and regroup ones as tens.

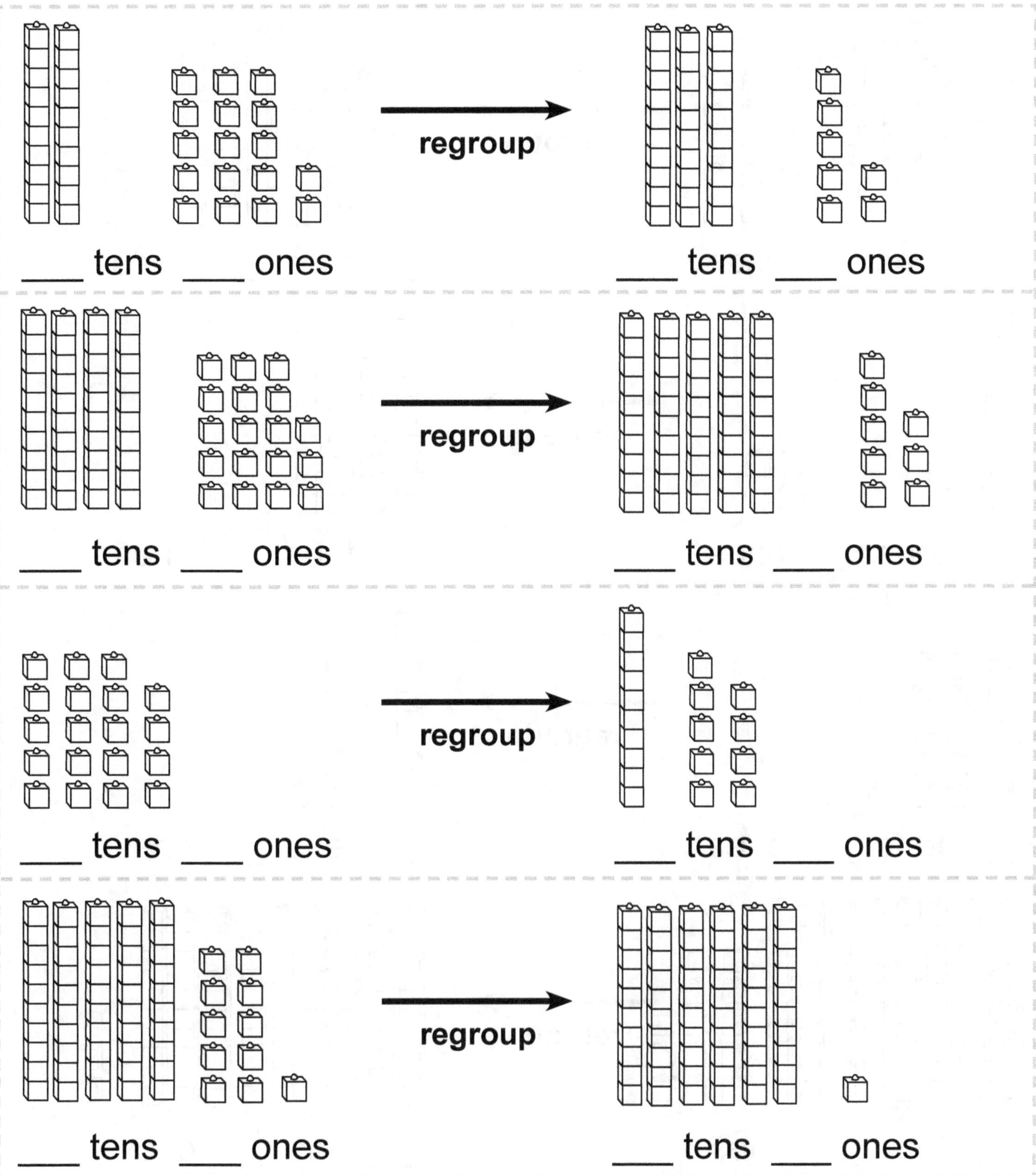

___ tens ___ ones → regroup → ___ tens ___ ones

___ tens ___ ones → regroup → ___ tens ___ ones

___ tens ___ ones → regroup → ___ tens ___ ones

___ tens ___ ones → regroup → ___ tens ___ ones

Practice Regrouping Ones as Tens

Count and regroup ones as tens.

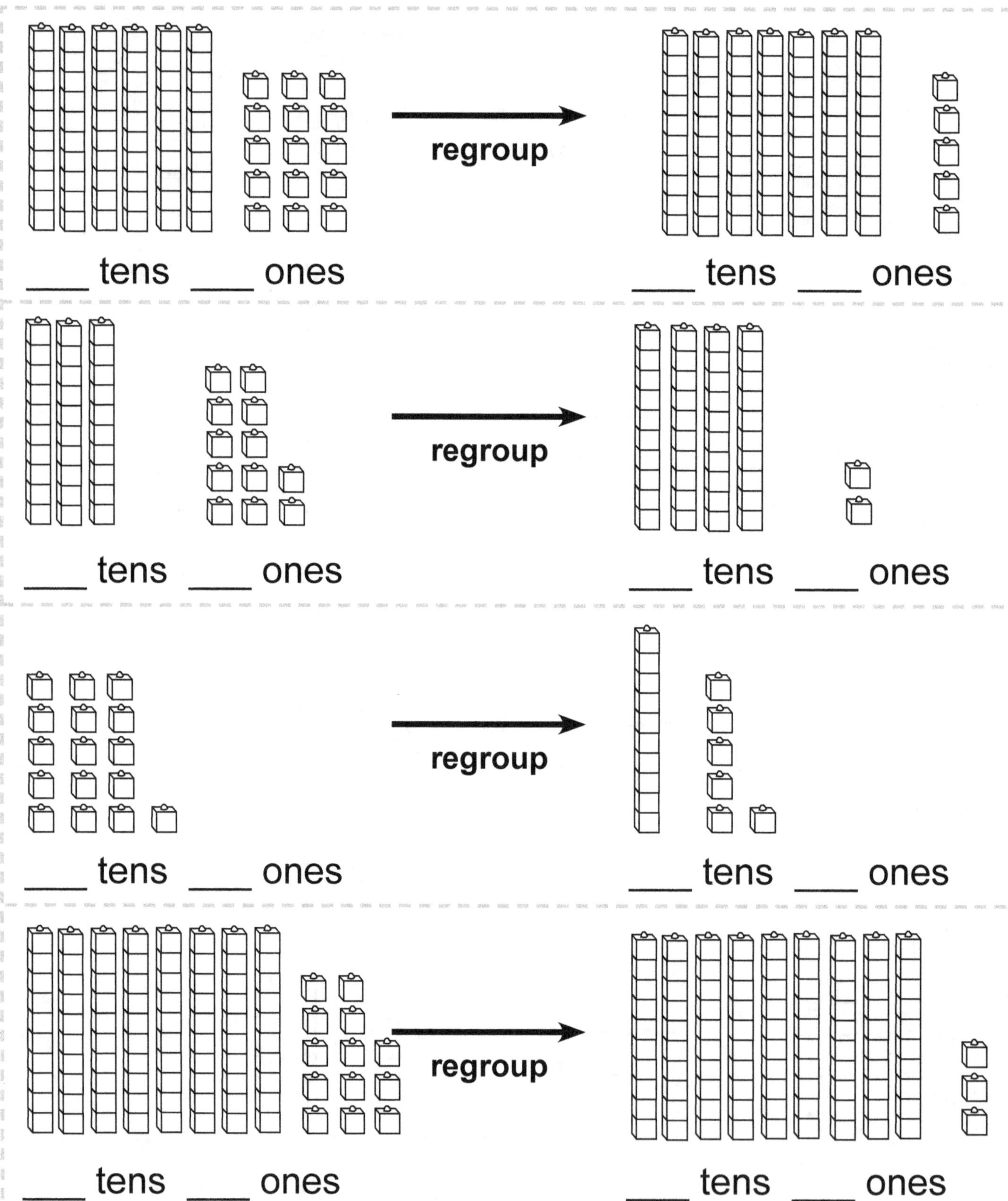

___ tens ___ ones   regroup   ___ tens ___ ones

___ tens ___ ones   regroup   ___ tens ___ ones

___ tens ___ ones   regroup   ___ tens ___ ones

___ tens ___ ones   regroup   ___ Tens ___ ones

Two-Digit Subtraction with Regrouping

Line up the ones and the tens.
Subtract the ones.
You cannot take 9 from 2.
So, trade 1 ten from the tens for 10 ones in the ones.
Now there are 12 ones.
Write the ones.
Then write the tens.

	tens	ones
	3	12
	4	2
−	3	9
		3

Use a tens and ones chart to subtract. Shade the ones column yellow.
Shade the tens column orange.

6 3	3 2	6 2	4 1	2 5
− 2 5	− 1 6	− 2 4	− 3 3	− 1 7

8 5	6 2	8 1	5 3	3 1
− 1 8	− 2 5	− 5 4	− 2 7	− 1 2

8 4	9 3	9 4	7 1	3 0
− 4 6	− 2 6	− 6 5	− 1 4	− 2 9

Two-Digit Subtraction with Regrouping

Use a tens and ones chart to subtract. Shade the ones column yellow.
Shade the tens column orange.

5 5 − 2 7	6 0 − 3 3	8 1 − 5 4	5 4 − 1 6	9 0 − 1 1
7 7 − 3 9	8 6 − 4 8	6 1 − 3 4	9 2 − 4 7	4 2 − 1 5
9 2 − 4 5	7 1 − 3 7	9 1 − 5 5	6 0 − 1 9	4 1 − 2 8
6 0 − 2 6	9 3 − 2 5	5 0 − 1 1	4 0 − 3 2	3 1 − 2 2
5 0 − 1 6	8 3 − 2 5	4 0 − 2 1	3 0 − 2 2	7 1 − 3 2

Two-Digit Subtraction with Regrouping

Use a tens and ones chart to subtract. Shade the ones column yellow.
Shade the tens column orange.

3 5 − 1 9	4 0 − 1 7	9 6 − 1 9	5 8 − 2 9	7 0 − 3 6
8 0 − 3 9	8 3 − 4 8	9 2 − 3 4	6 1 − 4 7	2 4 − 1 5
9 1 − 5 7	7 2 − 2 8	9 1 − 2 2	6 0 − 1 4	5 3 − 2 7
8 2 − 3 3	6 0 − 2 1	3 0 − 1 6	4 6 − 2 9	5 1 − 1 7
8 0 − 6 9	4 5 − 1 7	5 3 − 3 4	6 7 − 5 9	7 4 − 3 9

Why do celebrities not sweat?

___ ___ ___ ___ ___ ___ ___ | ___ ___ ___ ___ | ___ ___ ___ ___ | ___ ___ |
49 23 57 48 79 29 23 | 6 19 23 69 | 19 48   4 23 | 29 54

___ ___ ___ ___ | ___ ___ ___ ___ !
59 48 13 69 | 21 48 13 29

Watch out! Some letters are not used in the riddle.

A	B	C	D	E	F
67 − 19	76 − 27	84 − 27	50 − 18	61 − 38	40 − 19
G	**H**	**I**	**J**	**K**	**L**
82 − 19	48 − 29	92 − 18	71 − 29	20 − 15	91 − 29
M	**N**	**O**	**P**	**Q**	**R**
86 − 27	22 − 9	71 − 17	73 − 34	41 − 29	54 − 18
S	**T**	**U**	**V**	**Y**	**Z**
32 − 3	10 − 4	97 − 18	21 − 17	85 − 16	70 − 35

Where do snowmen go to dance?

___ ___ | ___ ___ ___ ___ | ___ ___ ___ ___ ___ !
13 34   15 19 34 11   38 39 37 37 15

Watch out! Some letters are not used in the riddle.

A	B	C	D	E	F
58 − 19	76 − 38	38 − 29	27 − 19	36 − 9	96 − 17
G	**H**	**I**	**J**	**K**	**L**
91 − 23	65 − 19	72 − 36	86 − 17	43 − 17	55 − 18
M	**N**	**O**	**P**	**Q**	**R**
12 − 5	33 − 14	52 − 18	90 − 72	72 − 25	83 − 34
S	**T**	**U**	**V**	**W**	**X**
61 − 46	50 − 37	31 − 17	47 − 19	40 − 29	46 − 29

What should you do if you break your big toe?

Watch out! Some letters are not used in the riddle.

___ ___ ___ ___ | ___ | ___ ___ ___ | ___ ___ ___ | ___ ___ ___ ___ ___ !
9 33 35 35   33   13 43 8   39 7 48   39 27 16 9 49

A	B	C	D	E	F
92 − 59	80 − 67	36 − 27	65 − 39	64 − 16	41 − 12

G	H	I	J	K	L
26 − 18	11 − 8	70 − 27	87 − 59	91 − 42	73 − 38

M	N	O	P	Q	R
63 − 46	20 − 2	20 − 13	81 − 14	63 − 25	43 − 16

S	T	U	V	W	Y
96 − 39	84 − 45	74 − 58	75 − 16	56 − 37	97 − 28

Subtraction Match

Match the problem to the correct answer.

57 − 31	38	87 − 56
96 − 58	9	67 − 10
85 − 54	31	59 − 21
28 − 19	41	98 − 74
79 − 22	26	71 − 64
42 − 35	7	23 − 14
89 − 48	24	93 − 52
84 − 60	57	43 − 17

Three-Digit Subtraction Without Regrouping

Line up the ones, tens, and hundreds.	Subtract the ones.	Then subtract the tens.	Then subtract the hundreds.
	hundreds tens **ones** 4 8 | **7** − 1 4 | **4** **3**	hundreds **tens** ones 4 **8** 7 − 1 **4** 4 **4** 3	**hundreds** tens ones **4** 8 7 − **1** 4 4 **3** 4 3

Use a hundreds, tens, and ones chart to help subtract. Shade the ones column yellow. Shade the tens column orange. Shade the hundreds column green.

hundreds tens ones

3 5 8 − 2 2 2	6 7 8 − 2 4 3	5 6 7 − 4 6 3	2 7 4 − 1 2 0	9 8 5 − 3 1 2
4 4 4 − 1 2 3	6 9 6 − 4 0 3	7 9 9 − 3 7 2	2 4 3 − 2 2 3	5 6 8 − 5 1 4
7 6 2 − 5 2 0	7 6 7 − 3 5 6	4 2 5 − 3 2 0	2 7 9 − 1 6 5	9 3 9 − 8 0 9
4 8 6 − 2 5	9 8 8 − 8 5 4	3 9 8 − 3 7 7	5 4 3 − 4 2 1	4 3 6 − 2 3 0

Three-Digit Subtraction Without Regrouping

Use the hundreds, tens and ones chart to subtract.

hundreds tens ones

2 4 7	8 3 6	7 6 9	1 2 8	6 9 2
− 2 4 4	− 3 3 3	− 1 3 4	− 1 2 8	− 4 2 1

5 6 7	6 3 4	9 8 7	2 7 3	5 6 4
− 3 5 0	− 2 3 2	− 4 5 6	− 1 5 1	− 5 6 2

3 2 4	4 4 2	4 5 7	3 2 9	7 6 5
− 2 1 3	− 3 4 0	− 4 2 7	− 1 2 3	− 6 6 4

5 6 7	1 9 8	9 9 9	8 7 7	8 9 9
− 2 3 4	− 1 3 4	− 3 4 3	− 8 2 5	− 1 2 6

BRAIN STRETCH 

Subtract 573 − 123. Show your work.

Math Riddle: Three-Digit Subtraction Without Regrouping

What did one toilet say to the other?

___ ___ ___ | ___ ___ ___ ___ | ___ | ___ ___ ___ |
306 222 701 | 211 222 222 245 | 353 | 131 173 543 |

___ ___ ___ ___ ___ ___ ___ !
530 211 701 62 242 220 540

Watch out! Some letters are not used in the riddle.

A 453 − 100	**B** 552 − 421	**C** 978 − 653	**D** 667 − 127	**E** 861 − 641	**F** 999 − 469
G 767 − 302	**H** 444 − 202	**I** 498 − 325	**J** 346 − 223	**K** 276 − 31	**L** 583 − 372
M 959 − 147	**N** 214 − 113	**O** 335 − 113	**P** 716 − 405	**Q** 789 − 665	**R** 635 − 231
S 172 − 110	**T** 884 − 341	**U** 841 − 140	**V** 997 − 830	**W** 625 − 312	**Y** 528 − 222

Why did the picture go to jail?

Watch out! Some letters are not used in the riddle.

___ ___ ___ ___ ___ ___ ___ | ___ ___ | ___ ___ ___ | ___ ___ ___ ___ ___ ___ !
212 103 500 127 165 332 103 | 124 111 | 224 127 332 | 11 420 127 341 103 530

A	B	C	D	E	F
329 − 202	332 − 120	821 − 321	963 − 433	255 − 152	149 − 138

G	H	I	J	K	L
564 − 153	658 − 243	674 − 550	823 − 111	414 − 101	478 − 242

M	N	O	P	Q	R
763 − 422	517 − 313	785 − 143	887 − 752	948 − 521	832 − 412

S	T	U	V	W	X
934 − 602	471 − 360	596 − 431	796 − 274	685 − 461	992 − 161

Three-Digit Subtraction with Regrouping

Line up the ones, tens, and hundreds.
Subtract the ones.

Trade 1 hundred from the hundreds for
10 tens in the tens column.
Subtract the tens.
Then subtract the hundreds.

hundreds	tens	ones
5	14	
6̸	4̸	6
− 3	8	3
2	6	3

You cannot take 8 from 4. So, trade 1 hundred from the hundreds for 10 tens. Now there are 14 tens.

Use a hundreds, tens, and ones chart to subtract. Shade the ones column yellow. Shade the tens column orange. Shade the hundreds column green.

hundreds tens ones

```
  8 3 6       5 0 6       3 1 9       7 2 7       5 3 5
– 6 4 4     – 3 4 1     – 1 5 8     – 1 3 6     – 1 7 0


  6 0 7       7 1 8       9 0 5       7 1 3       5 5 9
– 4 9 4     – 1 8 3     – 6 3 3     – 4 4 2     – 2 7 6


  8 5 8       4 0 3       6 4 4       9 1 5       6 2 8
– 3 9 4     – 1 5 3     – 2 7 3     – 4 7 2     – 3 5 6
```

Three-Digit Subtraction with Regrouping

Use a hundreds, tens, and ones chart to subtract. You will need to regroup.

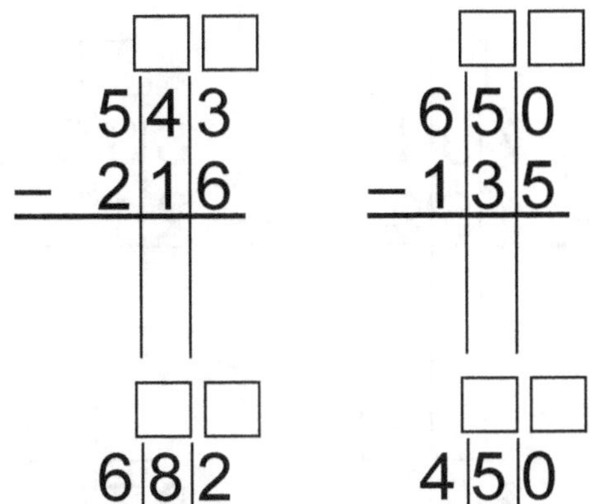

hundreds tens ones

| 543 − 216 | 650 − 135 | 781 − 513 | 893 − 439 | 965 − 346 |

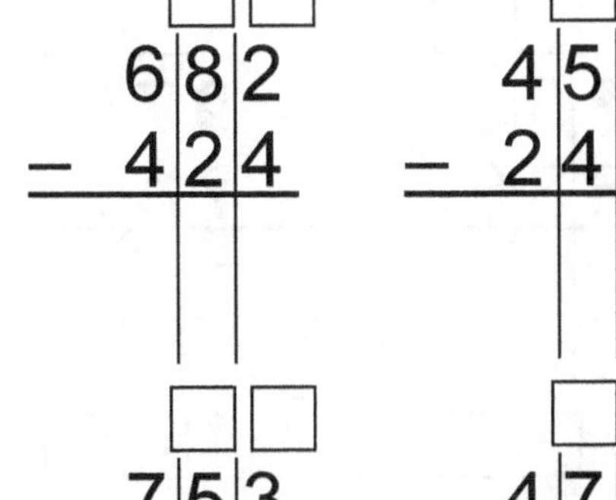

| 682 − 424 | 450 − 249 | 964 − 235 | 582 − 138 | 273 − 147 |

| 753 − 314 | 473 − 147 | 665 − 249 | 981 − 442 | 693 − 376 |

Subtract. Regroup in the tens column and the hundreds column.

| 808 − 114 | 703 − 433 | 905 − 113 | 759 − 572 | 832 − 661 |

| 275 − 194 | 313 − 182 | 504 − 311 | 427 − 132 | 909 − 111 |

Three-Digit Subtraction with Regrouping

Use the hundreds, tens, and ones chart to subtract. You will need to regroup the tens.

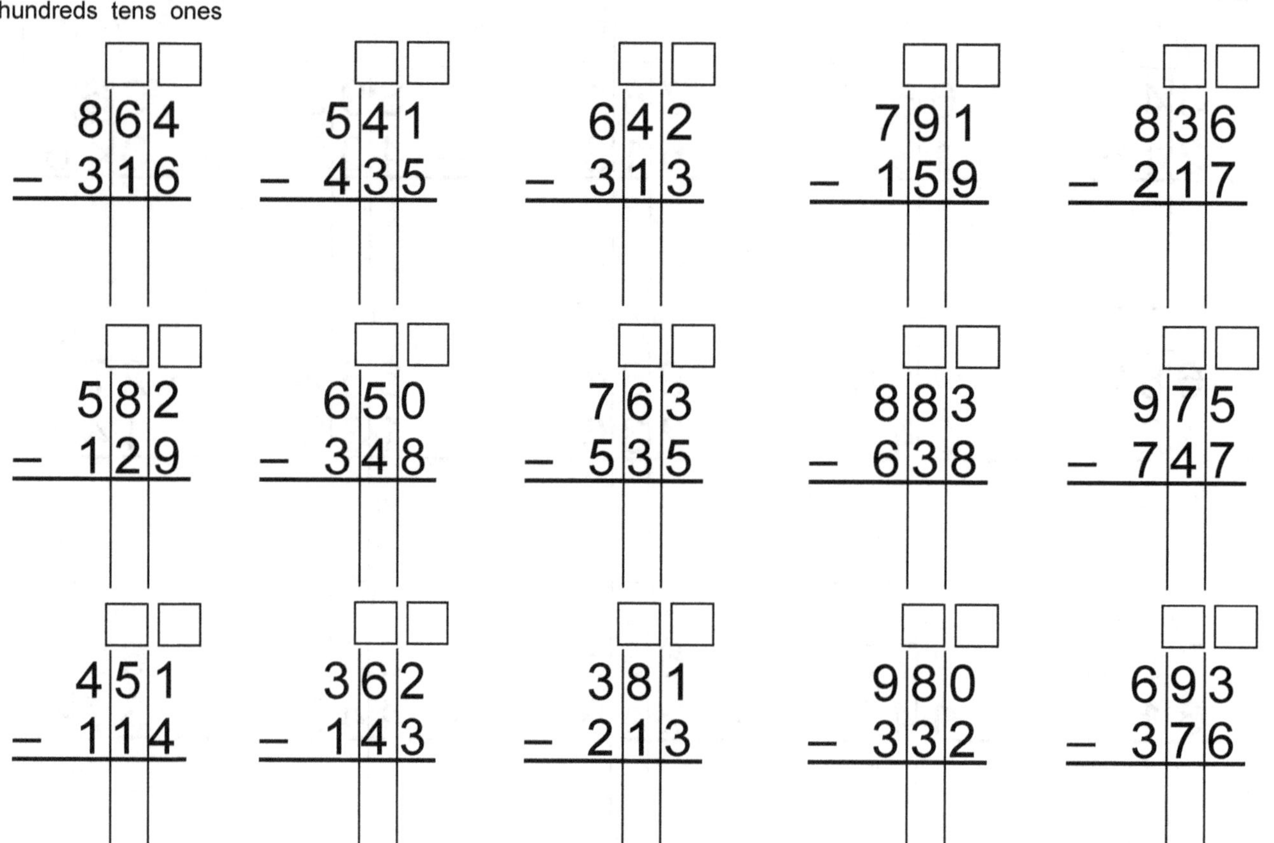

hundreds tens ones

864 − 316	541 − 435	642 − 313	791 − 159	836 − 217
582 − 129	650 − 348	763 − 535	883 − 638	975 − 747
451 − 114	362 − 143	381 − 213	980 − 332	693 − 376

Subtract. Regroup in the tens column and the hundreds column.

809 − 225	706 − 514	905 − 220	719 − 623	852 − 591
345 − 194	413 − 152	804 − 361	927 − 472	909 − 281

Subtraction Match

Match the problem to the answer.

253 − 140 **113**	113	698 − 506
297 − 105	60	378 − 81
976 − 39	331	787 − 520
880 − 215	665	951 − 14
590 − 323	267	624 − 564
138 − 78	192	789 − 124
679 − 348	937	686 − 573
959 − 662	297	464 − 133

What did one eye say to the other eye?

___ ___ ___ ___ ___ ___ ___ ___ ___ | ___ ___ ___ ___ ___ ___ ___ | ___ ___ |
377 95 134 72 619 709 307 229 107 | 159 72 619 311 72 72 229 | 429 377

___ ___ ___ ___ ___ ___ !
377 134 72 237 237 377

Watch out! Some letters are not used in the riddle.

A	B	C	D	E	F
154 − 26	295 − 136	977 − 886	886 − 139	104 − 32	935 − 327
G	**H**	**I**	**J**	**K**	**L**
312 − 205	728 − 19	530 − 223	240 − 111	649 − 259	343 − 106
M	**N**	**O**	**P**	**Q**	**R**
543 − 409	366 − 137	987 − 892	116 − 70	416 − 152	622 − 431
S	**T**	**U**	**V**	**W**	**X**
728 − 351	791 − 172	567 − 138	750 − 135	880 − 569	849 − 262

Math Riddle: Three-Digit Subtraction with Regrouping

What do you get when you cross a cow and a duck?

Watch out! Some letters are not used in the riddle.

___ ___ ___ ___ ___ ___ | ___ ___ ___ | ___ ___ ___ ___ ___ ___ ___ ___ !

71 190 391 391 173 391 | 795 92 390 | 22 83 795 71 280 391 588 173

A	B	C	D	E	F
975 − 180	811 − 361	134 − 63	620 − 230	539 − 148	943 − 751

G	H	I	J	K	L
562 − 381	481 − 291	421 − 281	748 − 256	870 − 590	759 − 391

M	N	O	P	Q	R
318 − 92	172 − 80	334 − 150	257 − 173	103 − 81	694 − 106

S	T	U	V	W	X
325 − 152	416 − 263	254 − 171	367 − 295	483 − 292	552 − 381

What type of table does not have any legs?

359 | 82 433 219 85 522 186 219 522 7 359 85 522 388 285 |

85 359 244 219 235 !

Watch out! Some letters are not used in the riddle.

A	B	C	D	E	F
890 − 531	508 − 264	145 − 138	834 − 540	392 − 157	781 − 373
G 565 − 348	**H** 235 − 126	**I** 704 − 182	**J** 673 − 459	**K** 125 − 17	**L** 456 − 237
M 318 − 236	**N** 894 − 609	**O** 568 − 180	**P** 457 − 271	**Q** 990 − 363	**R** 645 − 529
S 623 − 162	**T** 276 − 191	**U** 652 − 219	**V** 971 − 257	**W** 483 − 105	**X** 972 − 159

Subtraction Test 1—Differences from 0 to 10

10	4	9	5	8	2	6
− 5	− 2	− 5	− 2	− 2	− 0	− 4

9	5	6	3	8	10	7
− 7	− 1	− 3	− 3	− 6	− 4	− 5

5	1	10	7	5	9
− 3	− 1	− 4	− 3	− 4	− 4

Number Correct

___
20

Subtraction Test 2—Differences from 0 to 10

10	7	5	8	6	4	3
− 7	− 2	− 2	− 5	− 1	− 4	− 1

7	4	6	9	10	5	9
− 5	− 2	− 5	− 6	− 2	− 5	− 0

10	5	6	2	7	9
− 4	− 3	− 0	− 2	− 1	− 3

Number Correct

___
20

Subtraction Test 3—Differences from 0 to 10

10	4	9	5	8	2	6
− 2	− 3	− 5	− 4	− 5	− 1	− 5

9	5	6	3	8	10	7
− 9	− 3	− 4	− 2	− 7	− 9	− 2

4	1	10	6	5	9
− 3	− 0	− 5	− 3	− 1	− 8

Number Correct

_____
20

Subtraction Test 4—Differences from 0 to 10

10	7	5	8	9	4	3
− 3	− 4	− 1	− 3	− 7	− 4	− 1

5	4	5	8	10	1	2
− 2	− 2	− 5	− 6	− 5	− 1	− 0

10	5	6	2	7	9
− 9	− 3	− 3	− 2	− 5	− 4

Number Correct

_____
20

Subtraction Test 5—Differences from 0 to 10

10 − 8	4 − 2	9 − 6	5 − 3	8 − 2	2 − 2	6 − 3
9 − 2	5 − 4	6 − 5	3 − 3	8 − 6	10 − 6	7 − 3
4 − 2	1 − 0	10 − 9	6 − 2	5 − 0	9 − 7	

Number Correct

———
20

Subtraction Test 6—Differences from 0 to 10

9 − 3	8 − 4	7 − 1	6 − 3	5 − 1	4 − 3	3 − 1
2 − 2	5 − 2	6 − 5	7 − 6	10 − 5	1 − 1	2 − 0
8 − 3	9 − 7	5 − 3	4 − 2	5 − 4	10 − 4	

Number Correct

———
20

Subtraction Test 7—Differences from 0 to 10

8	10	9	9	8	9	6
− 4	− 2	− 5	− 3	− 2	− 2	− 3

8	7	2	8	8	10	7
− 6	− 4	− 1	− 3	− 1	− 6	− 5

5	4	10	3	7	9
− 2	− 0	− 7	− 1	− 7	− 7

Number Correct

_____
20

Subtraction Test 8—Differences from 0 to 10

6	4	10	8	5	4	3
− 5	− 3	− 8	− 3	− 3	− 0	− 1

5	7	6	7	9	9	2
− 4	− 5	− 3	− 4	− 6	− 1	− 1

7	6	5	10	8	10
− 6	− 2	− 2	− 7	− 7	− 8

Number Correct

_____
20

Subtraction Test 9—Differences from 0 to 10

7	9	10	1	8	10	9
− 6	− 5	− 2	− 1	− 2	− 6	− 7

8	10	3	8	10	4	7
− 6	− 7	− 1	− 3	− 5	− 4	− 5

8	5	7	2	8	6
− 0	− 4	− 4	− 1	− 8	− 3

Number Correct

——
20

Subtraction Test 10—Differences from 0 to 10

4	6	4	8	9	10	3
− 3	− 5	− 0	− 3	− 2	− 8	− 3

10	9	6	8	7	2	9
− 4	− 6	− 3	− 2	− 5	− 1	− 1

6	7	5	10	5	8
− 2	− 6	− 1	− 5	− 5	− 7

Number Correct

——
20

Subtraction 1—Differences from 11 to 20

12	11	14	16	13	17	11
− 8	− 6	− 5	− 9	− 3	− 9	− 4

18	13	12	14	15	11	16
− 9	− 7	− 6	− 7	− 6	− 7	− 6

20	14	11	19	17	13
− 10	− 9	− 5	− 9	− 7	− 6

Number Correct

_____
20

Subtraction Test 2— Differences from 11 to 20

11	17	18	16	15	14	13
− 3	− 9	− 5	− 3	− 4	− 2	− 5

14	18	19	11	16	12	13
− 4	− 8	− 2	− 8	− 7	− 5	− 9

15	20	12	14	17	19
− 7	− 2	− 6	− 9	− 8	− 8

Number Correct

_____
20

Subtraction Test 3— Differences from 11 to 20

12	11	14	16	13	17	11
− 3	− 4	− 3	− 2	− 4	− 3	− 6

18	13	12	14	15	11	16
− 4	− 3	− 2	− 1	− 2	− 9	− 8

20	14	12	19	17	13
− 3	− 8	− 9	− 2	− 1	− 9

Number Correct

_____

20

Subtraction Test 4— Differences from 11 to 20

14	17	18	16	15	17	13
− 5	− 9	− 3	− 3	− 4	− 7	− 8

12	18	19	11	16	12	20
− 1	− 1	− 3	− 4	− 9	− 8	− 1

15	20	12	14	15	19
− 6	− 3	− 4	− 6	− 9	− 9

Number Correct

_____

20

Subtraction Test 5— Differences from 11 to 20

14	16	17	18	19	12	13
− 7	− 8	− 9	− 8	− 4	− 3	− 6

18	13	12	14	15	11	16
− 9	− 5	− 8	− 6	− 7	− 4	− 3

20	14	11	19	17	13
− 2	− 1	− 6	− 3	− 7	− 2

Number Correct

_____
20

Subtraction Test 6— Differences from 11 to 20

14	17	18	16	15	17	13
− 9	− 2	− 2	− 1	− 8	− 9	− 7

12	18	19	11	16	12	20
− 9	− 9	− 2	− 5	− 8	− 7	− 2

15	20	12	14	17	19
− 3	− 1	− 2	− 7	− 8	− 3

Number Correct

_____
20

Subtraction Test 7— Differences from 11 to 20

12	11	14	16	13	17	11
− 5	− 8	− 9	− 1	− 9	− 8	− 2

18	13	12	14	15	11	16
− 2	− 7	− 6	− 5	− 5	− 3	− 6

20	14	12	19	17	13
− 10	− 4	− 3	− 9	− 9	− 8

Number Correct

_____
20

Subtraction Test 8— Differences from 11 to 20

14	17	18	16	15	17	13
− 9	− 10	− 8	− 2	− 4	− 8	− 6

12	18	19	11	14	12	20
− 7	− 5	− 2	− 9	− 2	− 4	− 5

15	20	12	14	17	19
− 9	− 2	− 6	− 3	− 2	− 9

Number Correct

_____
20

Subtraction Test 9— Differences from 11 to 20

12	11	14	16	13	17	11
− 3	− 4	− 3	− 2	− 4	− 3	− 6

18	13	12	14	15	11	16
− 4	− 3	− 2	− 1	− 2	− 9	− 8

20	14	12	19	17	13
− 3	− 8	− 9	− 2	− 1	− 9

Number Correct

―――
20

Subtraction Test 10— Differences from 11 to 20

14	17	18	16	15	17	13
− 7	− 10	− 8	− 8	− 6	− 9	− 4

12	18	19	11	16	12	20
− 3	− 2	− 9	− 10	− 7	− 6	− 9

15	20	12	14	17	19
− 9	− 10	− 2	− 6	− 3	− 10

Number Correct

―――
20

Subtraction Test 1—Two-Digit Subtraction Without Regrouping

| 56 | 96 | 64 | 86 | 74 | 87 | 97 |
| - 13 | - 24 | - 33 | - 42 | - 54 | - 63 | - 76 |

| 98 | 73 | 62 | 54 | 75 | 89 | 69 |
| - 85 | - 73 | - 51 | - 1 | - 44 | - 29 | - 27 |

| 25 | 78 | 69 | 99 | 87 | 93 |
| - 13 | - 26 | - 31 | - 42 | - 51 | - 62 |

Number Correct

———
20

Subtraction Test 2—Two-Digit Subtraction Without Regrouping

| 88 | 69 | 78 | 58 | 45 | 37 | 99 |
| - 65 | - 49 | - 50 | - 33 | - 14 | - 37 | - 78 |

| 32 | 78 | 89 | 94 | 76 | 81 | 90 |
| - 20 | - 31 | - 42 | - 53 | - 64 | - 70 | - 80 |

| 78 | 25 | 99 | 89 | 83 | 59 |
| - 46 | - 13 | - 64 | - 76 | - 52 | - 29 |

Number Correct

———
20

Subtraction Test 3—Two-Digit Subtraction Without Regrouping

54	96	65	86	79	97	94
− 13	− 21	− 33	− 32	− 57	− 63	− 73

97	72	69	53	75	89	69
− 86	− 72	− 31	− 2	− 40	− 19	− 27

25	49	59	99	84	96
− 13	− 29	− 31	− 49	− 50	− 62

Number Correct

_____

20

Subtraction Test 4—Two-Digit Subtraction Without Regrouping

23	97	78	45	19	67	69
− 12	− 76	− 50	− 31	− 14	− 44	− 58

57	78	53	60	98	69	32
− 37	− 63	− 52	− 20	− 16	− 41	− 12

56	39	24	33	79	54
− 13	− 13	− 22	− 21	− 8	− 22

Number Correct

_____

20

Subtraction Test 5—Two-Digit Subtraction Without Regrouping

12	76	24	85	54	97	46
− 11	− 24	− 13	− 44	− 34	− 63	− 26

58	15	59	96	85	39	78
− 8	− 12	− 47	− 51	− 41	− 25	− 67

25	38	64	82	38	95
− 14	− 20	− 33	− 22	− 37	− 51

Number Correct

___
20

Subtraction Test 6—Two-Digit Subtraction Without Regrouping

49	84	71	42	55	68	90
− 12	− 72	− 50	− 31	− 14	− 44	− 50

56	75	87	48	37	15	95
− 45	− 34	− 26	− 20	− 14	− 10	− 12

49	86	78	59	43	60
− 40	− 21	− 74	− 13	− 32	− 50

Number Correct

___
20

Subtraction Test 7—Two-Digit Subtraction Without Regrouping

76	88	66	87	82	55	43
− 52	− 24	− 33	− 44	− 30	− 23	− 21

88	96	68	57	35	19	49
− 48	− 56	− 67	− 36	− 24	− 5	− 27

38	27	77	99	87	93
− 24	− 24	− 52	− 48	− 53	− 61

Number Correct

____
20

Subtraction Test 8—Two-Digit Subtraction Without Regrouping

93	87	62	84	59	99	90
− 73	− 61	− 40	− 33	− 57	− 79	− 80

48	64	86	47	38	17	94
− 36	− 54	− 26	− 20	− 14	− 16	− 42

93	45	78	87	43	60
− 40	− 21	− 26	− 13	− 32	− 50

Number Correct

____
20

Subtraction Test 9—Two-Digit Subtraction Without Regrouping

54	88	69	37	81	55	43
− 4	− 34	− 31	− 14	− 30	− 43	− 1

59	27	86	53	49	66	81
− 48	− 10	− 61	− 32	− 24	− 5	− 20

87	49	55	44	67	98
− 15	− 25	− 20	− 42	− 51	− 66

Number Correct

———
20

Subtraction Test 10—Two-Digit Subtraction Without Regrouping

74	66	43	57	99	61	60
− 22	− 65	− 30	− 23	− 57	− 41	− 10

48	64	86	47	32	17	98
− 33	− 23	− 12	− 27	− 11	− 13	− 47

93	45	78	87	48	60
− 50	− 11	− 66	− 25	− 32	− 30

Number Correct

———
20

Subtraction Test 1—Two-Digit Subtraction with Regrouping

54 − 9	88 − 29	66 − 38	34 − 16	82 − 39	55 − 47	43 − 9
55 − 49	20 − 17	81 − 66	52 − 33	44 − 29	66 − 7	81 − 29
86 − 18	45 − 29	50 − 24	72 − 44	61 − 57	96 − 68	Number Correct ——— 20

Subtraction Test 2—Two-Digit Subtraction with Regrouping

72 − 24	75 − 69	40 − 33	53 − 27	96 − 57	61 − 49	60 − 16
42 − 38	63 − 24	82 − 16	91 − 37	34 − 19	51 − 43	97 − 48
90 − 53	41 − 25	76 − 58	83 − 17	42 − 33	60 − 59	Number Correct ——— 20

Subtraction Test 3—Two-Digit Subtraction with Regrouping

94 − 6	78 − 39	56 − 17	47 − 28	22 − 15	85 − 59	93 − 67
30 − 18	50 − 23	86 − 47	91 − 22	83 − 18	75 − 7	60 − 3
82 − 53	41 − 15	50 − 26	43 − 29	64 − 37	94 − 56	Number Correct —— 20

Subtraction Test 4—Two-Digit Subtraction with Regrouping

84 − 25	84 − 65	60 − 32	84 − 26	97 − 59	60 − 41	70 − 15
52 − 34	78 − 49	90 − 62	47 − 29	53 − 18	31 − 16	96 − 57
21 − 19	35 − 28	88 − 69	55 − 19	73 − 35	90 − 57	Number Correct —— 20

Subtraction Test 5—Two-Digit Subtraction with Regrouping

50	42	84	90	52	61	97
− 31	− 36	− 58	− 28	− 15	− 57	− 69

75	71	60	21	83	65	80
− 48	− 22	− 59	− 15	− 14	− 7	− 44

60	81	45	96	52	90
− 53	− 14	− 38	− 77	− 33	− 62

Number Correct

20

Subtraction Test 6—Two-Digit Subtraction with Regrouping

51	82	40	34	92	83	70
− 26	− 65	− 34	− 27	− 53	− 47	− 12

91	87	70	61	52	38	42
− 14	− 29	− 32	− 49	− 28	− 19	− 27

84	75	67	51	34	50
− 19	− 29	− 38	− 13	− 25	− 47

Number Correct

20

Subtraction Test 7—Two-Digit Subtraction with Regrouping

70	63	55	46	31	90	88
− 21	− 36	− 28	− 18	− 15	− 57	− 49

20	31	84	64	54	91	67
− 18	− 22	− 59	− 15	− 18	− 7	− 48

90	42	34	96	90	80
− 53	− 14	− 28	− 77	− 49	− 61

Number Correct

______
20

Subtraction Test 8—Two-Digit Subtraction with Regrouping

51	92	40	34	92	83	70
− 26	− 65	− 34	− 27	− 53	− 45	− 12

91	67	50	61	82	78	82
− 34	− 29	− 42	− 59	− 38	− 19	− 67

94	55	63	40	62	32
− 76	− 29	− 38	− 13	− 25	− 19

Number Correct

______
20

Subtraction Test 9—Two-Digit Subtraction with Regrouping

82	93	66	44	33	91	80
− 68	− 77	− 28	− 18	− 15	− 27	− 19

73	51	84	62	53	91	77
− 56	− 48	− 37	− 18	− 16	− 5	− 28

64	52	34	66	90	80
− 48	− 36	− 15	− 27	− 45	− 22

Number Correct

______
20

Subtraction Test 10—Two-Digit Subtraction with Regrouping

41	82	60	34	52	65	81
− 19	− 44	− 28	− 27	− 28	− 48	− 33

55	70	65	81	71	63	93
− 26	− 39	− 58	− 59	− 32	− 18	− 69

36	65	95	65	44	32
− 17	− 29	− 38	− 16	− 25	− 18

Number Correct

______
20

Subtraction Test 1—Three-Digit Subtraction Without Regrouping

564	782	696	587	482	355	269
− 461	− 232	− 385	− 161	− 241	− 34	− 143

553	203	897	563	459	687	879
− 132	− 103	− 667	− 332	− 224	− 126	− 231

286	454	583	479	673	988	
− 172	− 203	− 252	− 452	− 240	− 916	Number Correct

______

20

Subtraction Test 2—Three-Digit Subtraction Without Regrouping

574	769	642	457	399	869	963
− 222	− 665	− 330	− 143	− 347	− 541	− 651

248	684	886	597	449	753	998
− 133	− 283	− 614	− 431	− 104	− 332	− 687

393	245	778	987	843	769	
− 190	− 241	− 755	− 133	− 422	− 110	Number Correct

______

20

Subtraction Test 3—Three-Digit Subtraction Without Regrouping

996	679	257	348	522	489	793
− 394	− 238	− 146	− 127	− 210	− 355	− 261

838	153	687	892	588	277	463
− 510	− 123	− 146	− 720	− 323	− 114	− 440

783	945	256	143	668	996
− 542	− 711	− 220	− 22	− 431	− 854

Number Correct

______

20

Subtraction Test 4—Three-Digit Subtraction Without Regrouping

685	765	362	886	999	561	475
− 524	− 164	− 131	− 634	− 237	− 530	− 130

258	979	492	749	658	536	397
− 134	− 749	− 360	− 227	− 217	− 201	− 206

869	138	149	259	975	897
− 501	− 120	− 28	− 215	− 453	− 150

Number Correct

______

20

Subtraction Test 5—Three-Digit Subtraction Without Regrouping

560	448	849	920	557	869	997
− 150	− 316	− 518	− 220	− 315	− 157	− 690

763	766	682	298	865	668	743
− 412	− 242	− 351	− 142	− 244	− 527	− 612

794	853	468	989	568	975
− 330	− 441	− 238	− 178	− 533	− 432

Number Correct

———
20

Subtraction Test 6—Three-Digit Subtraction Without Regrouping

536	645	454	387	996	853	756
− 21	− 645	− 340	− 174	− 583	− 451	− 145

934	857	741	639	522	369	871
− 131	− 234	− 311	− 412	− 210	− 300	− 221

896	745	687	577	389	556
− 131	− 222	− 381	− 143	− 144	− 402

Number Correct

———
20

Subtraction Test 7—Three-Digit Subtraction Without Regrouping

471	569	758	948	345	297	189
− 220	− 137	− 425	− 816	− 231	− 150	− 149
528	637	889	966	358	297	668
− 410	− 123	− 674	− 515	− 134	− 201	− 345
793	854	438	579	999	681	
− 560	− 242	− 124	− 263	− 140	− 560	

Number Correct

____

20

Subtraction Test 8—Three-Digit Subtraction Without Regrouping

856	365	544	637	796	983	872
− 221	− 264	− 330	− 424	− 253	− 941	− 110
494	579	152	769	688	979	487
− 431	− 247	− 110	− 551	− 142	− 718	− 262
896	359	668	943	765	839	
− 574	− 125	− 633	− 310	− 320	− 112	

Number Correct

____

20

Subtraction Test 9—Three-Digit Subtraction Without Regrouping

489	797	568	348	835	697	989
− 260	− 373	− 427	− 238	− 513	− 521	− 661

176	258	587	368	956	894	678
− 153	− 105	− 134	− 314	− 423	− 321	− 322

968	756	935	267	995	682
− 354	− 132	− 524	− 226	− 840	− 410

Number Correct

———
20

Subtraction Test 10—Three-Digit Subtraction Without Regrouping

649	584	868	337	458	968	783
− 311	− 242	− 120	− 24	− 322	− 245	− 731

156	679	868	989	772	568	499
− 125	− 550	− 655	− 451	− 351	− 413	− 463

337	269	198	667	845	938
− 216	− 165	− 138	− 407	− 324	− 212

Number Correct

———
20

Subtraction Test 1—Three-Digit Subtraction with Regrouping

770	636	555	843	354	261	427
− 421	− 396	− 228	− 418	− 260	− 157	− 155

375	682	446	423	988	561	929
− 247	− 453	− 283	− 371	− 393	− 137	− 858

557	821	770	466	361	535
− 473	− 514	− 141	− 248	− 252	− 107

Number Correct

____

20

Subtraction Test 2—Three-Digit Subtraction with Regrouping

727	754	454	831	593	916	860
− 241	− 294	− 335	− 370	− 567	− 493	− 151

467	609	824	917	353	560	978
− 385	− 243	− 184	− 392	− 193	− 435	− 409

904	415	773	883	421	676
− 454	− 262	− 581	− 147	− 371	− 139

Number Correct

____

20

Subtraction Test 3—Three-Digit Subtraction with Regrouping

964	781	555	475	224	855	931
− 356	− 391	− 172	− 248	− 174	− 593	− 617

302	506	862	451	830	766	660
− 152	− 295	− 437	− 270	− 111	− 581	− 223

842	419	503	436	680	946
− 533	− 154	− 261	− 256	− 312	− 562

Number Correct

___

20

Subtraction Test 4—Three-Digit Subtraction with Regrouping

744	642	605	804	971	603	707
− 254	−105	− 321	− 262	− 591	− 412	− 145

528	718	908	411	573	310	936
− 345	− 491	− 622	− 290	− 128	− 150	− 576

214	359	883	554	731	906
− 191	− 279	− 691	− 194	− 303	− 573

Number Correct

___

20

Subtraction Test 5—Three-Digit Subtraction with Regrouping

507	432	894	934	572	641	957
− 316	− 316	− 587	− 28	− 164	− 505	− 629

753	751	609	228	873	684	806
− 591	− 202	− 589	− 165	− 14	− 476	− 423

947	381	545	796	852	690
− 881	− 145	− 327	− 718	− 329	− 642

Number Correct

_____

20

Subtraction Test 6—Three-Digit Subtraction with Regrouping

544	612	460	324	968	863	719
− 26	− 604	− 353	− 217	− 570	− 416	− 127

941	875	706	661	582	389	432
− 134	− 292	− 325	− 419	− 268	− 190	− 251

853	715	687	515	374	980
− 109	− 291	− 329	− 130	− 245	− 467

Number Correct

_____

20

Subtraction Test 7—Three-Digit Subtraction with Regrouping

546	858	667	347	391	559	423
− 273	− 219	− 381	− 164	− 329	− 470	− 119

858	290	809	525	447	676	817
− 519	− 178	− 616	− 306	− 297	− 228	− 209

856	455	530	451	641	964
− 138	− 219	− 224	− 404	− 537	− 655

Number Correct

___
20

Subtraction Test 8—Three-Digit Subtraction with Regrouping

595	642	450	354	936	873	750
− 36	− 405	− 314	− 137	− 243	− 45	− 122

912	697	520	618	538	768	862
− 342	− 229	− 413	− 597	− 398	− 139	− 690

864	951	453	508	842	722
− 736	− 291	− 308	− 138	− 262	− 119

Number Correct

___
20

Subtraction Test 9—Three-Digit Subtraction with Regrouping

812	923	664	443	333	986	801
− 681	− 772	− 284	− 18	− 125	− 267	− 191

735	518	847	629	537	914	797
− 562	− 488	− 355	− 180	− 176	− 544	− 238

644	592	348	656	905	806
− 427	− 346	− 154	− 270	− 455	− 223

Number Correct

———
20

Subtraction Test 10—Three-Digit Subtraction with Regrouping

451	822	609	364	542	655	871
− 19	− 404	− 258	− 237	− 218	− 429	− 345

554	735	685	851	781	693	933
− 262	− 316	− 568	− 129	− 362	− 188	− 616

936	865	708	865	564	492
− 417	− 329	− 538	− 106	− 245	− 188

Number Correct

———
20

How Am I Doing?

Differences from 0 to 10 (pages 61–65)

Number Correct	Test 1	Test 2	Test 3	Test 4	Test 5	Test 6	Test 7	Test 8	Test 9	Test 10
20										
19										
18										
17										
16										
15										
14										
13										
12										
11										
10										
9										
8										
7										
6										
5										
4										
3										
2										
1										

Differences from 11 to 20 (pages 66–70)

Number Correct	Test 1	Test 2	Test 3	Test 4	Test 5	Test 6	Test 7	Test 8	Test 9	Test 10
20										
19										
18										
17										
16										
15										
14										
13										
12										
11										
10										
9										
8										
7										
6										
5										
4										
3										
2										
1										

How Am I Doing?

Two-Digit Subtraction Without Regrouping (pages 71–75)

Number Correct	Test 1	Test 2	Test 3	Test 4	Test 5	Test 6	Test 7	Test 8	Test 9	Test 10
20										
19										
18										
17										
16										
15										
14										
13										
12										
11										
10										
9										
8										
7										
6										
5										
4										
3										
2										
1										

Two-Digit Subtraction with Regrouping (pages 76–80)

Number Correct	Test 1	Test 2	Test 3	Test 4	Test 5	Test 6	Test 7	Test 8	Test 9	Test 10
20										
19										
18										
17										
16										
15										
14										
13										
12										
11										
10										
9										
8										
7										
6										
5										
4										
3										
2										
1										

How Am I Doing?

Three-Digit Subtraction Without Regrouping (pages 81–85)

Number Correct	Test 1	Test 2	Test 3	Test 4	Test 5	Test 6	Test 7	Test 8	Test 9	Test 10
20										
19										
18										
17										
16										
15										
14										
13										
12										
11										
10										
9										
8										
7										
6										
5										
4										
3										
2										
1										

Three-Digit Subtraction with Regrouping (pages 86–90)

Number Correct	Test 1	Test 2	Test 3	Test 4	Test 5	Test 6	Test 7	Test 8	Test 9	Test 10
20										
19										
18										
17										
16										
15										
14										
13										
12										
11										
10										
9										
8										
7										
6										
5										
4										
3										
2										
1										

____

Name

Answers

2

3

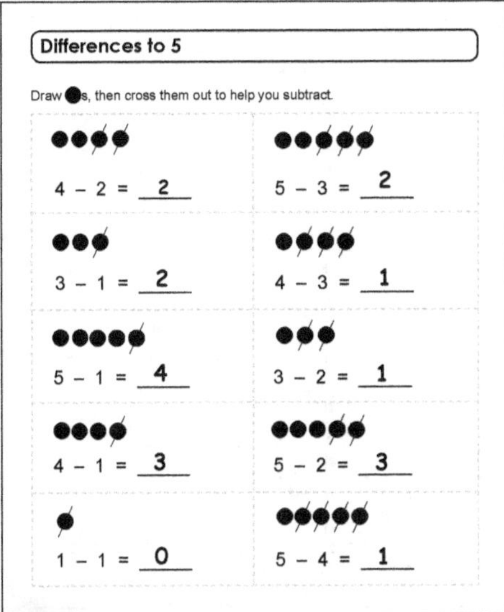

4

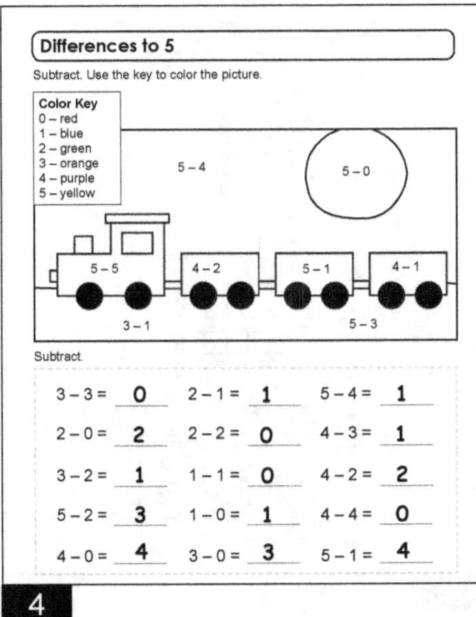

5

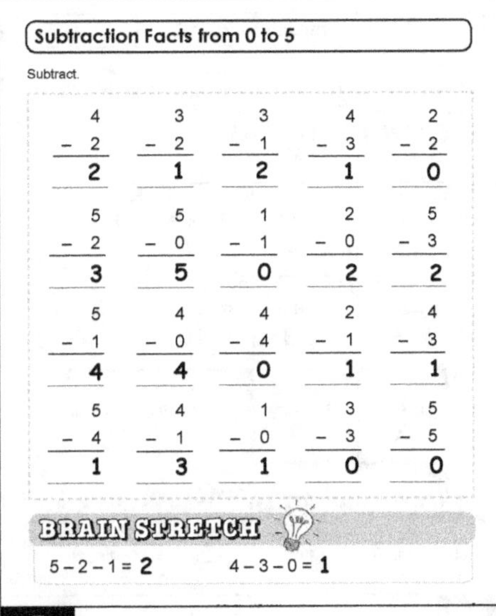

6

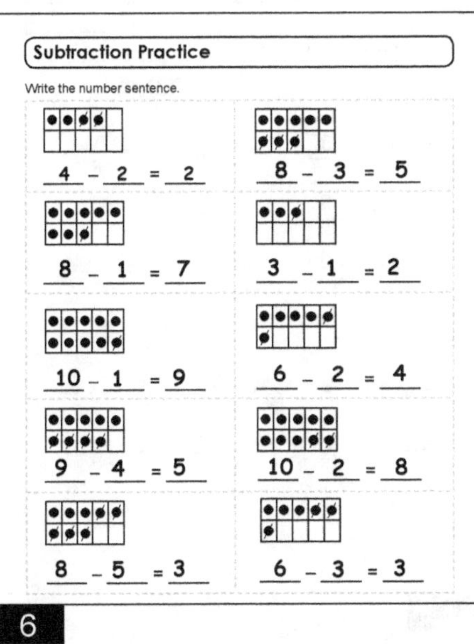

7

8

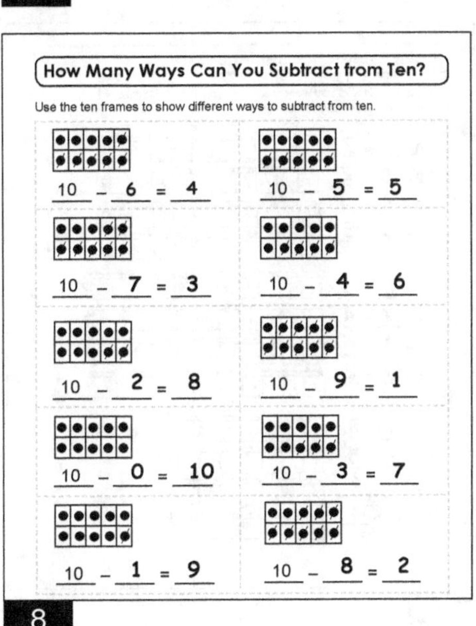

9

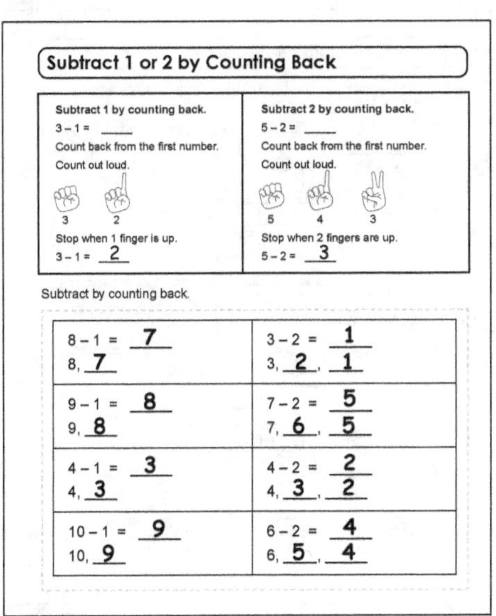

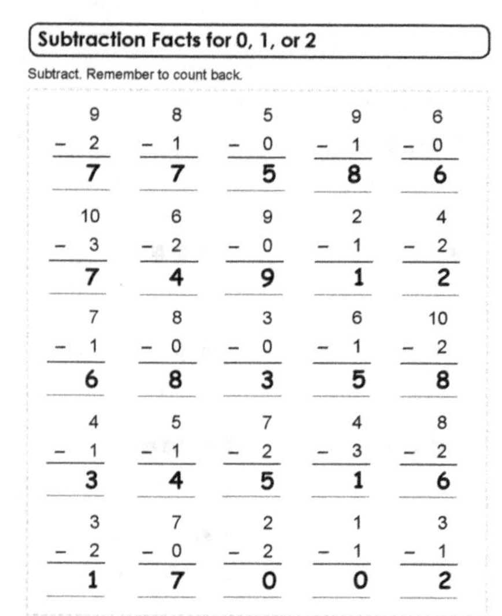

Subtraction Facts for 0, 1, or 2

Subtract. Remember to count back.

9 − 2 = **7**	8 − 1 = **7**	5 − 0 = **5**	9 − 1 = **8**	6 − 0 = **6**
10 − 3 = **7**	6 − 2 = **4**	9 − 0 = **9**	2 − 1 = **1**	4 − 2 = **2**
7 − 1 = **6**	8 − 0 = **8**	3 − 0 = **3**	6 − 1 = **5**	10 − 2 = **8**
4 − 1 = **3**	5 − 1 = **4**	7 − 2 = **5**	4 − 3 = **1**	8 − 2 = **6**
3 − 2 = **1**	7 − 0 = **7**	2 − 2 = **0**	1 − 1 = **0**	3 − 1 = **2**

`10`

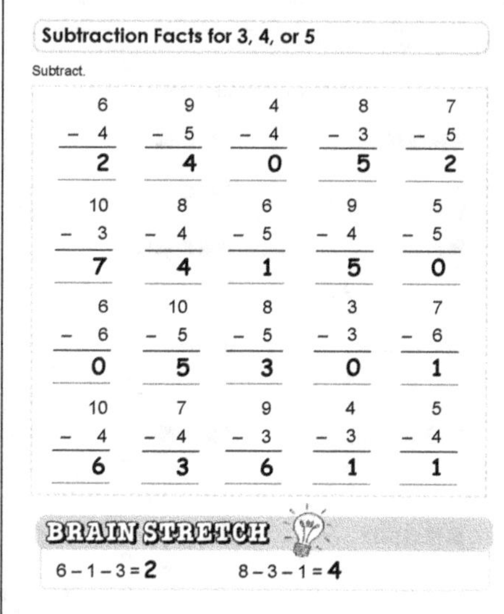

Subtraction Facts for 3, 4, or 5

Subtract.

6 − 4 = **2**	9 − 5 = **4**	4 − 4 = **0**	8 − 3 = **5**	7 − 5 = **2**
10 − 3 = **7**	8 − 4 = **4**	6 − 5 = **1**	9 − 4 = **5**	5 − 5 = **0**
6 − 6 = **0**	10 − 5 = **5**	8 − 5 = **3**	3 − 3 = **0**	7 − 6 = **1**
10 − 4 = **6**	7 − 4 = **3**	9 − 3 = **6**	4 − 3 = **1**	5 − 4 = **1**

`11`

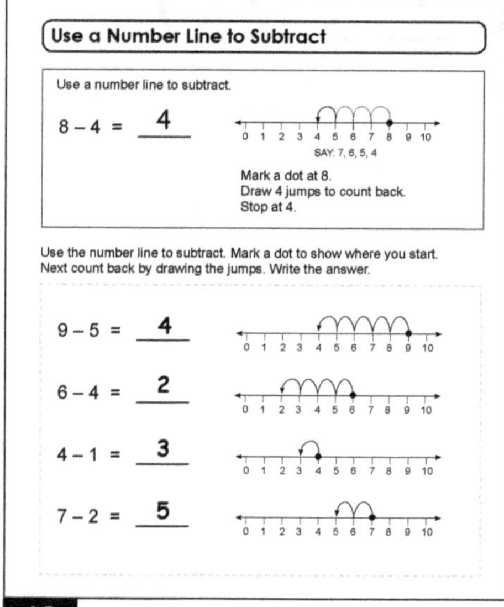

Use a Number Line to Subtract

Use a number line to subtract.

8 − 4 = **4**

SAY: 7, 6, 5, 4

Mark a dot at 8.
Draw 4 jumps to count back.
Stop at 4.

Use the number line to subtract. Mark a dot to show where you start. Next count back by drawing the jumps. Write the answer.

9 − 5 = **4**

6 − 4 = **2**

4 − 1 = **3**

7 − 2 = **5**

`12`

Use a Number Line to Subtract

Use the number line to subtract. Mark a dot to show where you start. Next count back by drawing the jumps. Write the answer.

9 − 6 = **3**

5 − 2 = **3**

7 − 5 = **2**

8 − 1 = **7**

10 − 8 = **2**

3 − 3 = **0**

9 − 7 = **2**

`13`

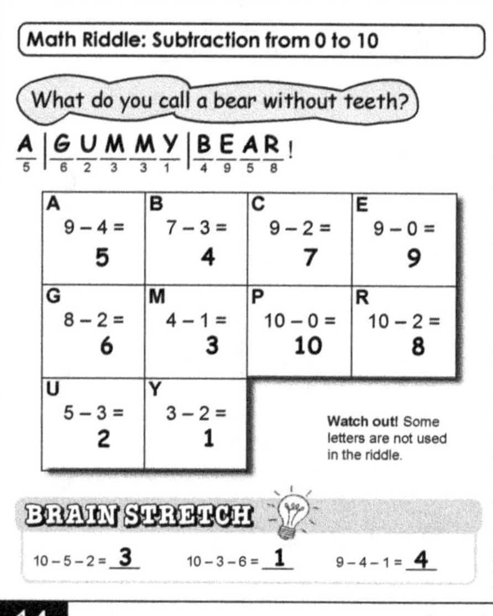

Math Riddle: Subtraction from 0 to 10

What do you call a bear without teeth?

A	B	C	E
9 − 4 = **5**	7 − 3 = **4**	9 − 2 = **7**	9 − 0 = **9**
G	**M**	**P**	**R**
8 − 2 = **6**	4 − 1 = **3**	10 − 0 = **10**	10 − 2 = **8**
U	**Y**		
5 − 3 = **2**	3 − 2 = **1**		

Watch out! Some letters are not used in the riddle.

`14`

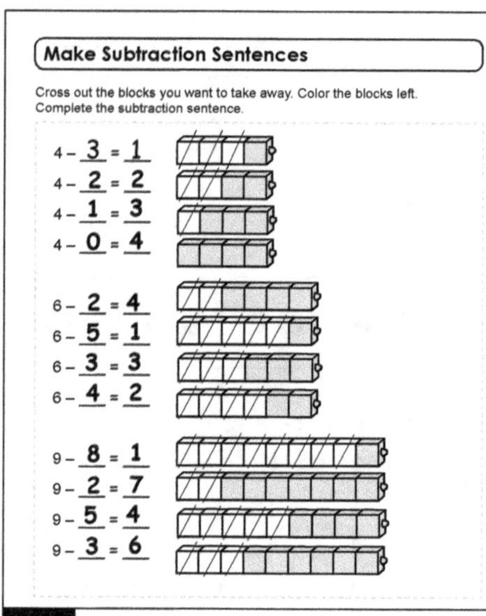

Make Subtraction Sentences

Cross out the blocks you want to take away. Color the blocks left. Complete the subtraction sentence.

4 − **3** = 1	
4 − **2** = 2	
4 − **1** = 3	
4 − **0** = 4	
6 − **2** = 4	
6 − **5** = 1	
6 − **3** = 3	
6 − **4** = 2	
9 − **8** = 1	
9 − **2** = 7	
9 − **5** = 4	
9 − **3** = 6	

`15`

Make Subtraction Sentences

Cross out the blocks you want to take away. Color the blocks left. Complete the subtraction sentence.

5 − **4** = 1	
5 − **2** = 3	
5 − **1** = 4	
5 − **3** = 2	
12 − **6** = 6	
12 − **4** = 8	
12 − **2** = 10	
12 − **5** = 7	
8 − **4** = 4	
8 − **6** = 2	
8 − **1** = 7	
8 − **5** = 3	

`16`

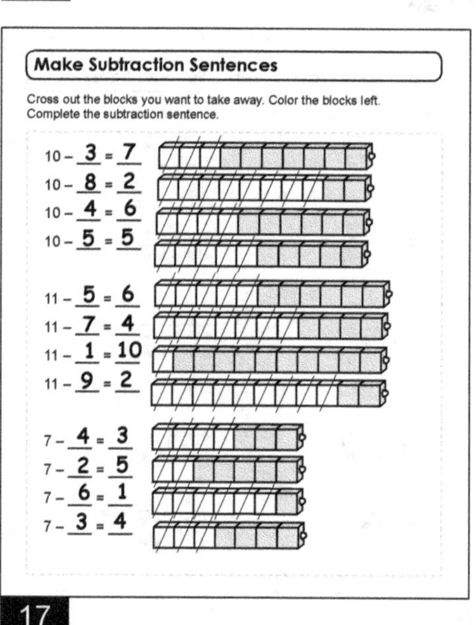

Make Subtraction Sentences

Cross out the blocks you want to take away. Color the blocks left. Complete the subtraction sentence.

10 − **3** = 7	
10 − **8** = 2	
10 − **4** = 6	
10 − **5** = 5	
11 − **5** = 6	
11 − **7** = 4	
11 − **1** = 10	
11 − **9** = 2	
7 − **4** = 3	
7 − **2** = 5	
7 − **6** = 1	
7 − **3** = 4	

`17`

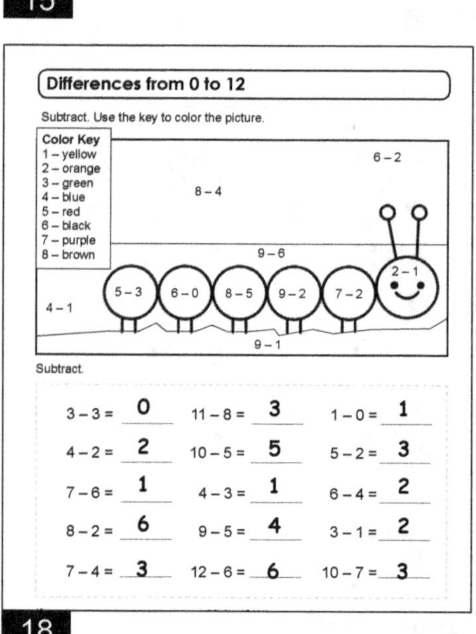

Differences from 0 to 12

Subtract. Use the key to color the picture.

Color Key
1 – yellow
2 – orange
3 – green
4 – blue
5 – red
6 – black
7 – purple
8 – brown

Subtract.

3 − 3 = **0**	11 − 8 = **3**	1 − 0 = **1**
4 − 2 = **2**	10 − 5 = **5**	5 − 2 = **3**
7 − 6 = **1**	4 − 3 = **1**	6 − 4 = **2**
8 − 2 = **6**	9 − 5 = **4**	3 − 1 = **2**
7 − 4 = **3**	12 − 6 = **6**	10 − 7 = **3**

`18`

96

© Chalkboard Publishing

Subtraction Facts to 10

Match the subtraction sentences to the correct answer.

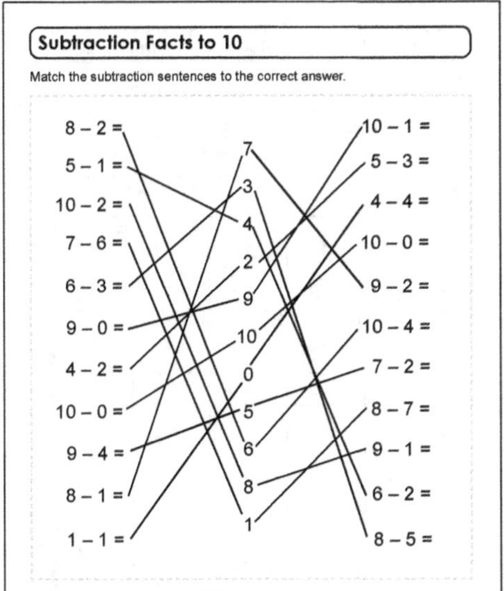

Missing Numbers: Subtraction Facts to 12

Fill in the missing numbers to complete the differences.
Use the number line or counters to help.

BRAIN STRETCH

12 – **5** – 2 = 5   10 – 5 – **1** = 4   **11** – 6 – 1 = 4

Math Riddle: Subtraction Facts from 0 to 12

What do you call cheese that is not yours?

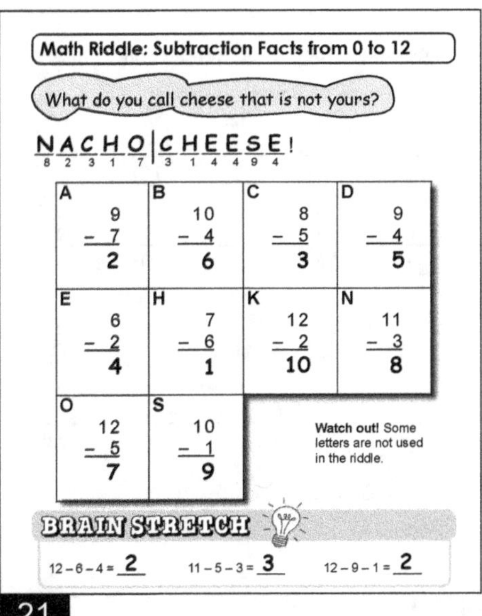

BRAIN STRETCH

12 – 6 – 4 = **2**   11 – 5 – 3 = **3**   12 – 9 – 1 = **2**

Subtract 1 or 2 by Counting Back

Count back to subtract.

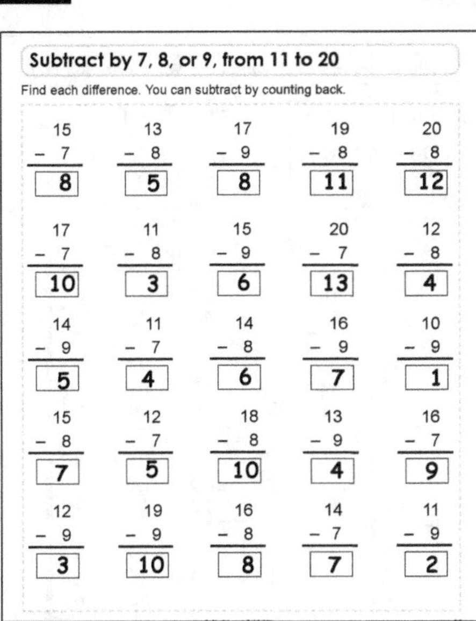

Make 10 to Subtract

Make 10 to make an easier problem. Then subtract.

12 – 9 = 12 – 9 = **13** – 10 = **3** I know 9 + 1 = 10. So I add 1 to each number. Then I subtract to get the answer.	14 – 8 = 14 – 8 = **16** – 10 = **6** Add 2 to each number.
17 – 6 = 17 – 6 = **21** – 10 = **11** Add **4** to each number.	19 – 6 = 19 – 6 = **23** – 10 = **13** Add **4** to each number.
18 – 7 = 18 – 7 = **21** – 10 = **11** Add **3** to each number.	13 – 9 = 13 – 9 = **14** – 10 = **4** Add **1** to each number.
15 – 7 = 15 – 7 = **18** – 10 = **8** Add **3** to each number.	16 – 7 = 16 – 7 = **19** – 10 = **9** Add **3** to each number.

Make 10 to Subtract

Make 10 to make an easier problem. Then subtract.

12 – 7 = 12 – 7 = **15** – 10 = **5** Add 3 to each number.	18 – 6 = 18 – 6 = **22** – 10 = **12** Add 4 to each number.
16 – 9 = 16 – 9 = **17** – 10 = **7** Add **1** to each number.	17 – 8 = 17 – 8 = **19** – 10 = **9** Add **2** to each number.
14 – 7 = 14 – 7 = **17** – 10 = **7** Add **3** to each number.	15 – 9 = 15 – 9 = **16** – 10 = **6** Add **1** to each number.
13 – 8 = 13 – 8 = **15** – 10 = **5** Add **2** to each number.	19 – 8 = 19 – 8 = **21** – 10 = **11** Add **2** to each number.

Subtract by 7, 8, or 9, from 11 to 20

Find each difference. You can subtract by counting back.

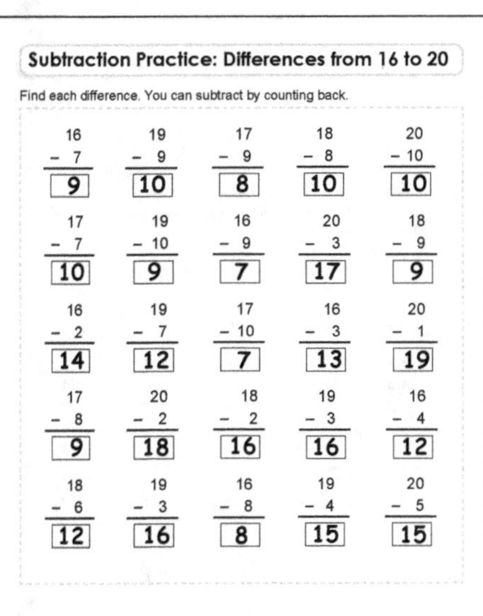

Subtraction Practice: Differences from 11 to 15

Find each difference. You can subtract by counting back.

13	12	14	15	11
– 7	– 8	– 2	– 9	– 7
6	**4**	**12**	**6**	**4**
12	15	11	12	14
– 9	– 0	– 6	– 3	– 4
3	**15**	**5**	**9**	**10**
15	11	13	12	14
– 4	– 4	– 2	– 5	– 6
11	**7**	**11**	**7**	**8**
14	12	13	15	11
– 7	– 4	– 1	– 6	– 5
7	**8**	**12**	**9**	**6**

BRAIN STRETCH

14 – 4 – 5 = **5**   15 – 9 – 3 = **3**

16 – 8 – 6 = **2**   20 – 7 – 9 = **4**

Subtraction Practice: Differences from 16 to 20

Find each difference. You can subtract by counting back.

16	19	17	18	20
– 7	– 9	– 9	– 8	– 10
9	**10**	**8**	**10**	**10**
17	19	16	20	18
– 7	– 10	– 9	– 3	– 9
10	**9**	**7**	**17**	**9**
16	19	17	16	20
– 2	– 7	– 10	– 3	– 1
14	**12**	**7**	**13**	**19**
17	20	18	19	16
– 8	– 2	– 2	– 3	– 4
9	**18**	**16**	**16**	**12**
18	19	16	19	20
– 6	– 3	– 8	– 4	– 5
12	**16**	**8**	**15**	**15**

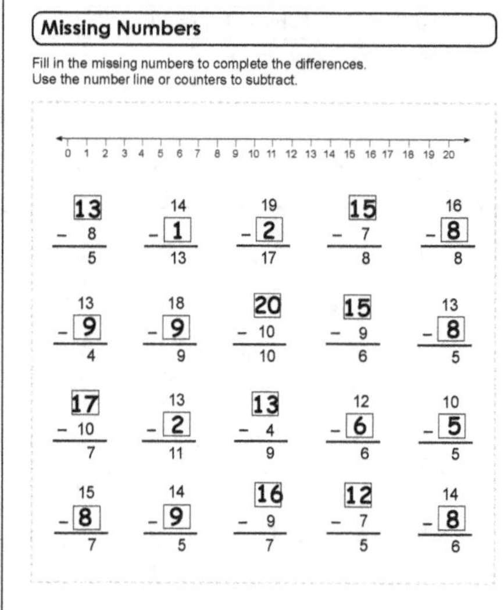

Subtraction Facts from 0 to 20

Subtract. Use the number line to count back.

0 1 2 3 4 5 6 7 8 9 10 11 12 13 14 15 16 17 18 19 20

18 − 3 = **15**	14 − 6 = **8**	12 − 8 = **4**	18 − 4 = **14**	19 − 2 = **17**
10 − 0 = **10**	13 − 9 = **4**	11 − 4 = **7**	15 − 2 = **13**	20 − 3 = **17**
19 − 9 = **10**	17 − 2 = **15**	11 − 6 = **5**	16 − 8 = **8**	12 − 11 = **1**
18 − 5 = **13**	14 − 2 = **12**	12 − 6 = **6**	20 − 10 = **10**	15 − 4 = **11**

`31`

Subtracting Tens

Think of a subtraction fact to subtract tens.

Find 40 − 20
Think 4 − 2 = 2
4 tens − 2 tens = 2 tens
40 − 20 = 20

Use a basic fact to help you subtract tens.

9 − 7 = **2**	4 − 3 = **1**
90 − 70 = **20**	40 − 30 = **10**
5 − 3 = **2**	7 − 5 = **2**
50 − 30 = **20**	70 − 50 = **20**
6 − 4 = **2**	9 − 6 = **3**
60 − 40 = **20**	90 − 60 = **30**
8 − 5 = **3**	3 − 2 = **1**
80 − 50 = **30**	30 − 20 = **10**

`32`

Use a Number Line to Subtract

Use the number line to subtract. Mark a dot to show where you start. Next, count back by drawing the jumps. Write the answer.

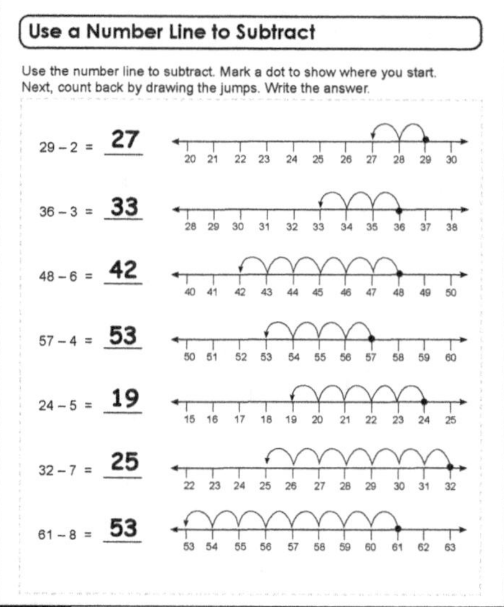

29 − 2 = **27**
36 − 3 = **33**
48 − 6 = **42**
57 − 4 = **53**
24 − 5 = **19**
32 − 7 = **25**
61 − 8 = **53**

`33`

Two-Digit Subtraction Without Regrouping

First subtract the ones. Then subtract the tens. Line up the ones and tens.

	tens	ones
	8	7
−	4	4
		3

	tens	ones
	8	7
−	4	4
	4	3

Use a tens and ones chart to subtract. Shade the ones column yellow. Shade the tens column orange.

78 − 11 = **67**	97 − 73 = **24**	28 − 13 = **15**	71 − 50 = **21**	33 − 13 = **20**
69 − 45 = **24**	25 − 14 = **11**	84 − 53 = **31**	67 − 34 = **33**	98 − 64 = **34**
68 − 27 = **41**	98 − 47 = **51**	25 − 10 = **15**	46 − 45 = **1**	78 − 18 = **60**
86 − 60 = **26**	74 − 72 = **2**	99 − 23 = **76**	89 − 21 = **68**	53 − 50 = **3**

`34`

Two-Digit Subtraction Without Regrouping

Use a tens and ones chart to subtract.

58 − 36 = **22**	77 − 40 = **37**	34 − 11 = **23**	46 − 34 = **12**	28 − 12 = **16**
87 − 52 = **35**	45 − 44 = **1**	99 − 25 = **74**	87 − 34 = **53**	47 − 20 = **27**
59 − 12 = **47**	89 − 43 = **46**	28 − 17 = **11**	76 − 76 = **0**	39 − 28 = **11**
67 − 25 = **42**	86 − 35 = **51**	94 − 73 = **21**	53 − 50 = **3**	59 − 29 = **30**

BRAIN STRETCH

Use ones blocks and tens blocks to subtract 37 − 22.   **15**

`35`

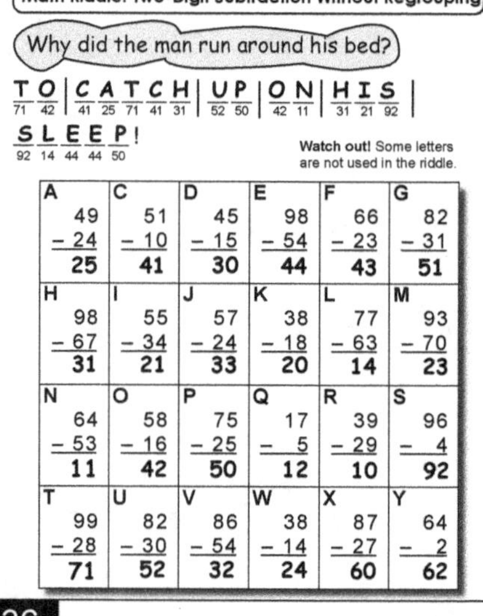

Math Riddle: Two-Digit Subtraction Without Regrouping

Why was the math book upset?

I T | H A D | A | L O T | O F |
51 40 | 21 11 23 | 11 | 70 12 40 | 12 53 |

P R O B L E M S !
10 46 12 13 70 42 20 16

Watch out! Some letters are not used in the riddle.

A	B	C	D	E	F
82 − 71 = 11	97 − 84 = 13	37 − 11 = 26	53 − 30 = 23	65 − 23 = 42	78 − 25 = 53

G	H	I	J	K	L
40 − 10 = 30	97 − 76 = 21	91 − 40 = 51	79 − 50 = 29	66 − 42 = 24	82 − 12 = 70

M	N	O	P	Q	R
43 − 23 = 20	55 − 14 = 41	37 − 25 = 12	14 − 4 = 10	89 − 62 = 27	96 − 50 = 46

S	T	U	V	W	X
49 − 33 = 16	71 − 31 = 40	53 − 52 = 1	64 − 50 = 14	18 − 0 = 18	85 − 42 = 43

37

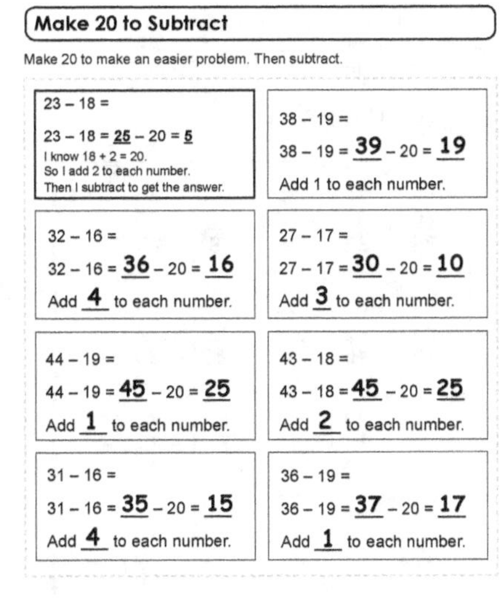

Make 20 to Subtract

Make 20 to make an easier problem. Then subtract.

23 – 18 =
23 – 18 = **25** – 20 = **5**
I know 18 + 2 = 20.
So I add 2 to each number.
Then I subtract to get the answer.

38 – 19 =
38 – 19 = **39** – 20 = **19**
Add 1 to each number.

32 – 16 =
32 – 16 = **36** – 20 = **16**
Add **4** to each number.

27 – 17 =
27 – 17 = **30** – 20 = **10**
Add **3** to each number.

44 – 19 =
44 – 19 = **45** – 20 = **25**
Add **1** to each number.

43 – 18 =
43 – 18 = **45** – 20 = **25**
Add **2** to each number.

31 – 16 =
31 – 16 = **35** – 20 = **15**
Add **4** to each number.

36 – 19 =
36 – 19 = **37** – 20 = **17**
Add **1** to each number.

38

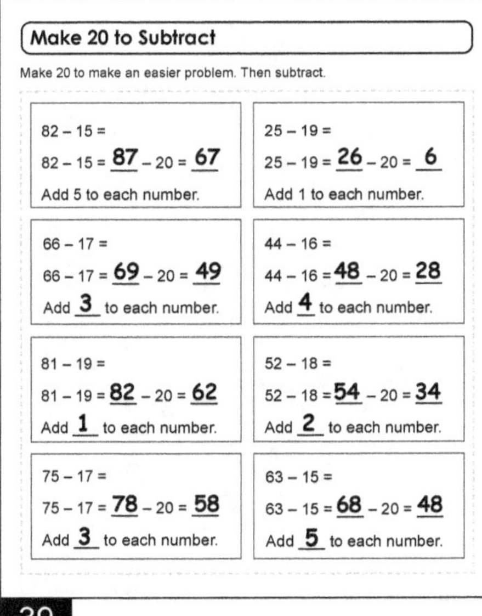

Make 20 to Subtract

Make 20 to make an easier problem. Then subtract.

82 – 15 =
82 – 15 = **87** – 20 = **67**
Add 5 to each number.

25 – 19 =
25 – 19 = **26** – 20 = **6**
Add 1 to each number.

66 – 17 =
66 – 17 = **69** – 20 = **49**
Add **3** to each number.

44 – 16 =
44 – 16 = **48** – 20 = **28**
Add **4** to each number.

81 – 19 =
81 – 19 = **82** – 20 = **62**
Add **1** to each number.

52 – 18 =
52 – 18 = **54** – 20 = **34**
Add **2** to each number.

75 – 17 =
75 – 17 = **78** – 20 = **58**
Add **3** to each number.

63 – 15 =
63 – 15 = **68** – 20 = **48**
Add **5** to each number.

39

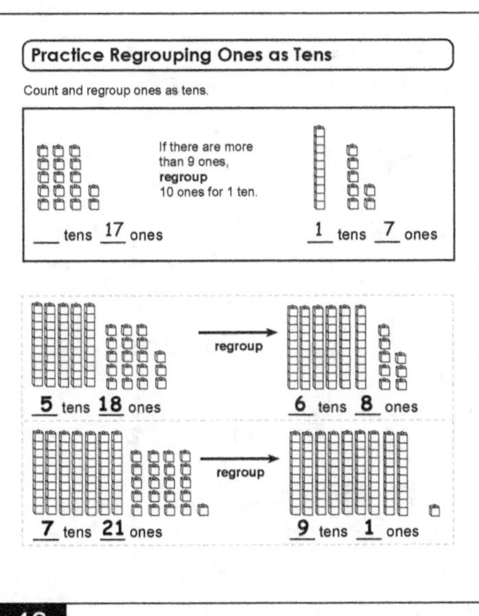

Practice Regrouping Ones as Tens

Count and regroup ones as tens.

If there are more than 9 ones, regroup 10 ones for 1 ten.

___ tens 17 ones → 1 tens 7 ones

5 tens 18 ones → regroup → 6 tens 8 ones

7 tens 21 ones → regroup → 9 tens 1 ones

40

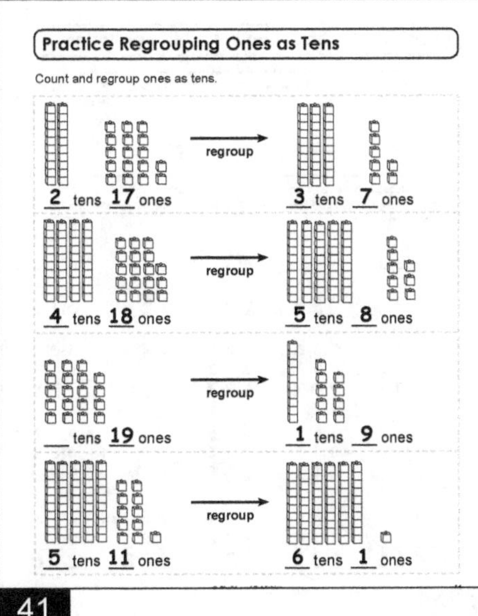

Practice Regrouping Ones as Tens

Count and regroup ones as tens.

2 tens 17 ones → regroup → 3 tens 7 ones

4 tens 18 ones → regroup → 5 tens 8 ones

___ tens 19 ones → regroup → 1 tens 9 ones

5 tens 11 ones → regroup → 6 tens 1 ones

41

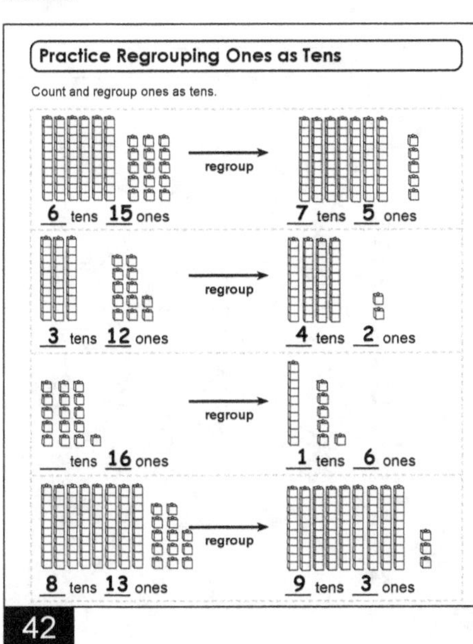

Practice Regrouping Ones as Tens

Count and regroup ones as tens.

6 tens 15 ones → regroup → 7 tens 5 ones

3 tens 12 ones → regroup → 4 tens 2 ones

___ tens 16 ones → regroup → 1 tens 6 ones

8 tens 13 ones → regroup → 9 tens 3 ones

42

Two-Digit Subtraction with Regrouping

Line up the ones and the tens.
Subtract the ones.
You cannot take 9 from 2.
So, trade 1 ten from the tens for 10 ones in the ones.
Now there are 12 ones.
Write the ones.
Then write the tens.

	tens	ones
	3̸ 4	2̸ 12
−	3	9
		3

Use a tens and ones chart to subtract. Shade the ones column yellow. Shade the tens column orange.

5 13 / 6̸ 3̸ − 2 5 = 3 8	2 12 / 3̸ 2̸ − 1 6 = 1 6	5 12 / 6̸ 2̸ − 2 4 = 3 8	3 11 / 4̸ 1̸ − 3 3 = 8	1 15 / 2̸ 5̸ − 1 7 = 8
7 15 / 8̸ 5̸ − 1 8 = 6 7	5 12 / 6̸ 2̸ − 2 5 = 3 7	8 11 / 9̸ 1̸ − 5 4 = 2 7	5 13 / 6̸ 3̸ − 2 7 = 2 6	2 11 / 3̸ 1̸ − 1 2 = 1 9
7 14 / 8̸ 4̸ − 4 6 = 3 8	9 13 / 9̸ 3̸ − 2 6 = 6 7	8 14 / 9̸ 4̸ − 6 5 = 2 9	7 11 / 7̸ 1̸ − 1 4 = 5 7	2 10 / 3̸ 0̸ − 2 9 = 1

43

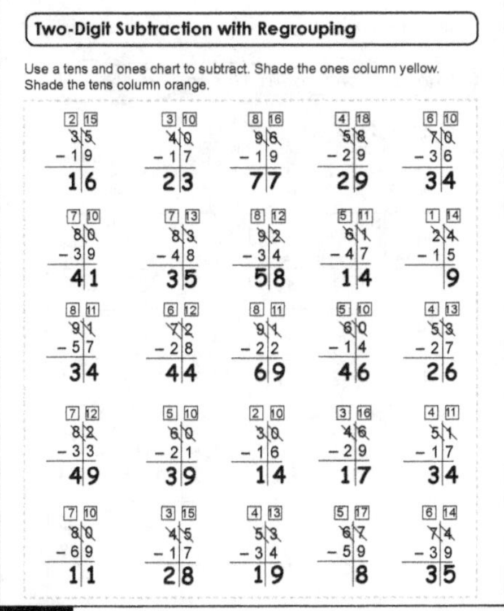

Two-Digit Subtraction with Regrouping

Use a tens and ones chart to subtract. Shade the ones column yellow. Shade the tens column orange.

4 15 / 5̸ 5̸ − 2 7 = 2 8	5 10 / 6̸ 0̸ − 3 3 = 2 7	7 11 / 8̸ 1̸ − 5 4 = 2 7	4 14 / 5̸ 4̸ − 1 6 = 3 8	8 10 / 9̸ 0̸ − 1 1 = 7 9
6 17 / 7̸ 7̸ − 3 9 = 3 8	7 16 / 8̸ 6̸ − 4 8 = 3 8	5 11 / 6̸ 1̸ − 3 4 = 2 7	8 12 / 9̸ 2̸ − 4 7 = 4 5	3 12 / 4̸ 2̸ − 1 5 = 2 7
8 12 / 9̸ 2̸ − 4 5 = 4 7	6 11 / 7̸ 1̸ − 3 7 = 3 4	8 11 / 9̸ 1̸ − 5 5 = 3 6	5 10 / 6̸ 0̸ − 1 9 = 4 1	3 11 / 4̸ 1̸ − 2 8 = 1 3
4 10 / 5̸ 0̸ − 1 6 = 3 4	7 13 / 8̸ 3̸ − 2 5 = 5 8	3 10 / 4̸ 0̸ − 2 1 = 1 9	2 10 / 3̸ 0̸ − 2 2 = 8	6 11 / 7̸ 1̸ − 3 2 = 3 9

44

Two-Digit Subtraction with Regrouping

Use a tens and ones chart to subtract. Shade the ones column yellow. Shade the tens column orange.

2 15 / 3̸ 5̸ − 1 9 = 1 6	3 10 / 4̸ 0̸ − 1 7 = 2 3	8 16 / 9̸ 6̸ − 1 9 = 7 7	4 18 / 5̸ 8̸ − 2 9 = 2 9	6 10 / 7̸ 0̸ − 3 6 = 3 4
7 10 / 8̸ 0̸ − 3 9 = 4 1	7 13 / 8̸ 3̸ − 4 8 = 3 5	8 12 / 9̸ 2̸ − 3 4 = 5 8	5 11 / 6̸ 1̸ − 4 7 = 1 4	3 14 / 2̸ 4̸ − 1 5 = 9
8 11 / 9̸ 1̸ − 5 7 = 3 4	6 12 / 7̸ 2̸ − 2 8 = 4 4	8 11 / 9̸ 1̸ − 2 2 = 6 9	5 10 / 6̸ 0̸ − 1 4 = 4 6	5 13 / 6̸ 3̸ − 2 7 = 2 6
7 12 / 8̸ 2̸ − 3 3 = 4 9	5 10 / 6̸ 0̸ − 2 1 = 3 9	2 10 / 3̸ 0̸ − 1 6 = 1 4	3 16 / 4̸ 6̸ − 2 9 = 1 7	4 11 / 5̸ 1̸ − 1 7 = 3 4
7 10 / 8̸ 0̸ − 6 9 = 1 1	3 15 / 4̸ 5̸ − 1 7 = 2 8	4 13 / 5̸ 3̸ − 3 4 = 1 9	5 17 / 6̸ 7̸ − 5 9 = 8	6 14 / 7̸ 4̸ − 3 9 = 3 5

45

46

Math Riddle: Two-Digit Subtraction with Regrouping

Why do celebrities not sweat?

B E C A U S E | T H E Y | H A V E | S O
49 23 57 48 79 29 23 | 6 19 23 69 | 19 48 4 23 | 29 54

M A N Y F A N S !
59 48 13 69 | 21 48 13 29

Watch out! Some letters are not used in the riddle.

A	B	C	D	E	F
67 − 19 = 48	76 − 27 = 49	84 − 27 = 57	50 − 18 = 32	61 − 38 = 23	40 − 19 = 21
G 82 − 19 = 63	**H** 48 − 29 = 19	**I** 92 − 18 = 74	**J** 71 − 29 = 42	**K** 20 − 15 = 5	**L** 91 − 29 = 62
M 86 − 27 = 59	**N** 22 − 9 = 13	**O** 71 − 17 = 54	**P** 73 − 34 = 39	**Q** 41 − 29 = 12	**R** 54 − 18 = 36
S 32 − 3 = 29	**T** 10 − 4 = 6	**U** 97 − 18 = 79	**V** 21 − 17 = 4	**Y** 85 − 16 = 69	**Z** 70 − 35 = 35

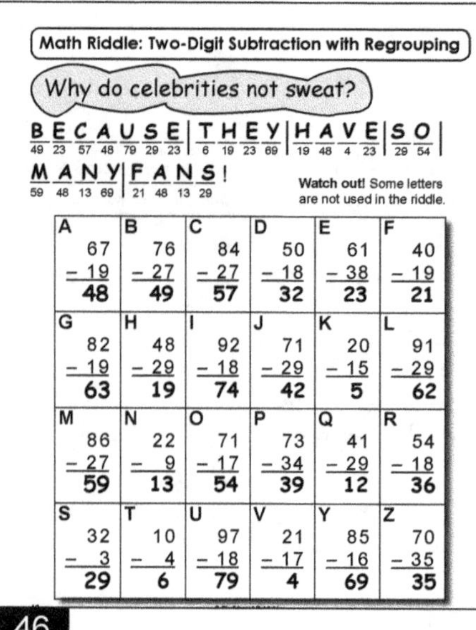

47

Math Riddle: Two-Digit Subtraction with Regrouping

Where do snowmen go to dance?

T O | S N O W | B A L L S !
13 34 | 15 19 34 11 | 38 39 37 37 15

Watch out! Some letters are not used in the riddle.

A	B	C	D	E	F
58 − 19 = 39	76 − 38 = 38	38 − 29 = 9	27 − 19 = 8	36 − 9 = 27	96 − 17 = 79
G 91 − 23 = 68	**H** 65 − 19 = 46	**I** 72 − 36 = 36	**J** 86 − 17 = 69	**K** 43 − 17 = 26	**L** 55 − 18 = 37
M 12 − 5 = 7	**N** 33 − 14 = 19	**O** 52 − 18 = 34	**P** 90 − 72 = 18	**Q** 72 − 25 = 47	**R** 83 − 34 = 49
S 61 − 46 = 15	**T** 50 − 37 = 13	**U** 31 − 17 = 14	**V** 47 − 19 = 28	**W** 40 − 29 = 11	**X** 46 − 29 = 17

48

Math Riddle: Two-Digit Subtraction with Regrouping

What should you do if you break your big toe?

C A L L | A | B I G | T O E | T R U C K !
9 33 35 35 | 33 | 13 43 8 | 39 7 48 | 39 27 16 9 49

Watch out! Some letters are not used in the riddle.

A	B	C	D	E	F
92 − 59 = 33	80 − 67 = 13	36 − 27 = 9	65 − 39 = 26	64 − 16 = 48	41 − 12 = 29
G 26 − 18 = 8	**H** 11 − 8 = 3	**I** 70 − 27 = 43	**J** 87 − 59 = 28	**K** 91 − 42 = 49	**L** 73 − 38 = 35
M 63 − 46 = 17	**N** 20 − 2 = 18	**O** 20 − 13 = 7	**P** 81 − 14 = 67	**Q** 63 − 25 = 38	**R** 43 − 16 = 27
S 96 − 39 = 57	**T** 84 − 45 = 39	**U** 74 − 58 = 16	**V** 75 − 16 = 59	**W** 56 − 37 = 19	**Y** 97 − 28 = 69

49

Subtraction Match

Match the problem to the correct answer.

Problem	Answer
57 − 31 = 26	87 − 56 = 31
96 − 58 = 38	67 − 10 = 57
85 − 54 = 31	59 − 21 = 38
28 − 19 = 9	98 − 74 = 24
79 − 22 = 57	71 − 64 = 7
42 − 35 = 7	23 − 14 = 9
89 − 48 = 41	93 − 52 = 41
84 − 60 = 24	43 − 17 = 26

50

Three-Digit Subtraction Without Regrouping

Line up the ones, tens, and hundreds. Subtract the ones. Then subtract the tens. Then subtract the hundreds.

Use a hundreds, tens, and ones chart to help subtract. Shade the ones column yellow. Shade the tens column orange. Shade the hundreds column green.

358 − 222 = 136	678 − 243 = 435	567 − 463 = 104	274 − 120 = 154	985 − 312 = 673
444 − 123 = 321	696 − 403 = 293	799 − 372 = 427	243 − 223 = 20	568 − 514 = 54
762 − 520 = 242	767 − 356 = 411	425 − 320 = 105	279 − 165 = 114	939 − 809 = 130
486 − 25 = 461	988 − 854 = 134	398 − 377 = 21	543 − 421 = 122	436 − 230 = 206

51

Three-Digit Subtraction Without Regrouping

Use the hundreds, tens and ones chart to subtract.

247 − 244 = 3	836 − 333 = 503	769 − 134 = 635	128 − 128 = 0	692 − 421 = 271
567 − 350 = 217	634 − 232 = 402	987 − 456 = 531	273 − 151 = 122	564 − 562 = 2
324 − 213 = 111	442 − 340 = 102	457 − 427 = 30	329 − 123 = 206	765 − 664 = 101
567 − 234 = 333	198 − 134 = 64	999 − 343 = 656	877 − 825 = 52	899 − 126 = 773

BRAIN STRETCH

Subtract 573 − 123. Show your work.

450

52

Math Riddle: Three-Digit Subtraction Without Regrouping

What did one toilet say to the other?

Y O U | L O O K | A | B I T |
306 222 701 | 211 222 222 245 | 353 | 131 173 543

F L U S H E D !
530 211 701 62 242 220 540

Watch out! Some letters are not used in the riddle.

A	B	C	D	E	F
453 − 100 = 353	552 − 421 = 131	978 − 653 = 325	667 − 127 = 540	861 − 641 = 220	999 − 469 = 530
G 767 − 302 = 465	**H** 444 − 202 = 242	**I** 498 − 325 = 173	**J** 346 − 223 = 123	**K** 276 − 31 = 245	**L** 583 − 372 = 211
M 959 − 147 = 812	**N** 214 − 113 = 101	**O** 335 − 113 = 222	**P** 716 − 405 = 311	**Q** 789 − 665 = 124	**R** 635 − 231 = 404
S 172 − 110 = 62	**T** 884 − 341 = 543	**U** 841 − 140 = 701	**V** 997 − 830 = 167	**W** 625 − 312 = 313	**Y** 528 − 222 = 306

53

Math Riddle: Three-Digit Subtraction Without Regrouping

Why did the picture go to jail?

B E C A U S E | I T | W A S | F R A M E D !
212 103 500 127 165 332 103 | 124 111 | 224 127 332 | 11 420 127 341 103 530

Watch out! Some letters are not used in the riddle.

A	B	C	D	E	F
329 − 202 = 127	332 − 120 = 212	821 − 321 = 500	963 − 433 = 530	255 − 152 = 103	149 − 138 = 11
G 564 − 153 = 411	**H** 658 − 243 = 415	**I** 674 − 550 = 124	**J** 823 − 111 = 712	**K** 414 − 101 = 313	**L** 478 − 242 = 236
M 763 − 422 = 341	**N** 517 − 313 = 204	**O** 785 − 143 = 642	**P** 887 − 752 = 135	**Q** 948 − 521 = 427	**R** 832 − 412 = 420
S 934 − 602 = 332	**T** 471 − 360 = 111	**U** 596 − 431 = 165	**V** 796 − 274 = 522	**W** 685 − 461 = 224	**X** 992 − 161 = 831

54

Three-Digit Subtraction with Regrouping

Line up the ones, tens, and hundreds. Subtract the ones. Trade 1 hundred from the hundreds for 10 tens to the tens column. Subtract the tens. Then subtract the hundreds.

You cannot take 8 from 4. So, trade 1 hundred from the hundreds for 10 tens. Now there are 14 tens.

Use a hundreds, tens, and ones chart to subtract. Shade the ones column yellow. Shade the tens column orange. Shade the hundreds column green.

836 − 644 = 192	506 − 341 = 165	319 − 158 = 161	727 − 136 = 591	535 − 170 = 365
607 − 494 = 113	718 − 183 = 535	905 − 633 = 272	713 − 442 = 271	559 − 276 = 283
858 − 394 = 464	403 − 153 = 250	644 − 273 = 371	915 − 472 = 443	628 − 356 = 272

Three-Digit Subtraction with Regrouping

Use a hundreds, tens, and ones chart to subtract. You will need to regroup.

543 − 216 = 327	650 − 135 = 515	781 − 513 = 268	893 − 439 = 454	965 − 346 = 619
682 − 424 = 258	450 − 249 = 201	964 − 235 = 729	582 − 138 = 444	273 − 147 = 126
753 − 314 = 439	473 − 147 = 326	665 − 249 = 416	981 − 442 = 539	693 − 376 = 317

Subtract. Regroup in the tens column and the hundreds column.

808 − 114 = 694	703 − 433 = 270	905 − 113 = 792	759 − 572 = 187	832 − 661 = 171
275 − 194 = 81	313 − 182 = 131	504 − 311 = 193	427 − 132 = 295	909 − 111 = 798

55

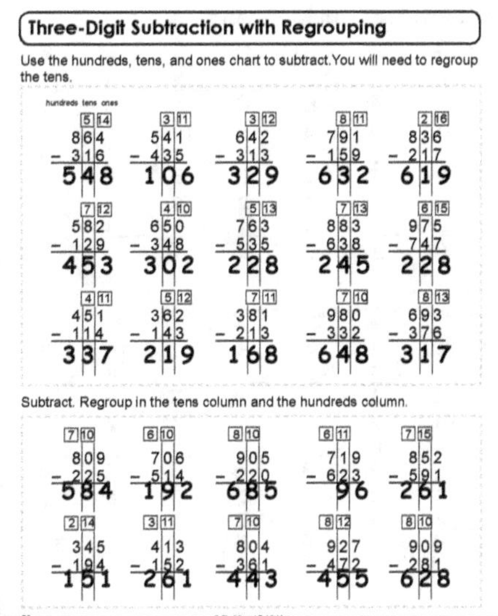

Three-Digit Subtraction with Regrouping

Use the hundreds, tens, and ones chart to subtract. You will need to regroup the tens.

864 − 316 = 548	541 − 435 = 106	642 − 313 = 329	791 − 159 = 632	836 − 217 = 619
582 − 129 = 453	650 − 348 = 302	763 − 535 = 228	883 − 638 = 245	975 − 747 = 228
451 − 114 = 337	362 − 143 = 219	381 − 213 = 168	980 − 332 = 648	693 − 376 = 317

Subtract. Regroup in the tens column and the hundreds column.

809 − 225 = 584	706 − 514 = 192	905 − 220 = 685	719 − 623 = 96	852 − 591 = 261
345 − 194 = 151	413 − 152 = 261	804 − 361 = 443	927 − 472 = 455	909 − 281 = 628

56

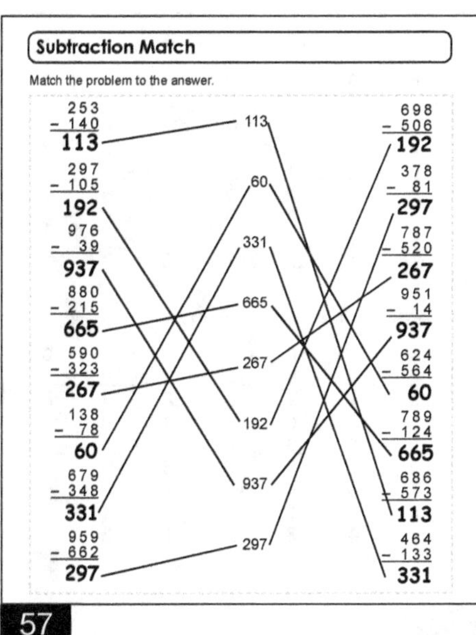

Subtraction Match

Match the problem to the answer.

Problem	Answer		Problem	Answer
253 − 140 = 113	113		698 − 506 = 192	192
297 − 105 = 192	60		378 − 81 = 297	297
976 − 39 = 937	331		787 − 520 = 267	267
880 − 215 = 665	665		951 − 14 = 937	937
590 − 323 = 267	192		624 − 564 = 60	60
138 − 78 = 60	937		789 − 124 = 665	665
679 − 348 = 331	297		686 − 573 = 113	113
959 − 662 = 297			464 − 133 = 331	331

57

Math Riddle: Three-Digit Subtraction with Regrouping

What did one eye say to the other eye?

S O M E T H I N G | B E T W E E N | U S
377 95 134 72 619 709 307 226 107 | 159 72 619 311 72 72 229 | 429 377

S M E L L S !
377 134 72 237 377 377

Watch out! Some letters are not used in the riddle.

	A	B	C	D	E	F
	154 − 26 = 128	295 − 136 = 159	977 − 886 = 91	886 − 139 = 747	104 − 32 = 72	935 − 327 = 608
	G	**H**	**I**	**J**	**K**	**L**
	312 − 205 = 107	728 − 19 = 709	530 − 223 = 307	240 − 111 = 129	649 − 259 = 390	343 − 106 = 237
	M	**N**	**O**	**P**	**Q**	**R**
	543 − 409 = 134	366 − 137 = 229	987 − 892 = 95	116 − 70 = 46	416 − 152 = 264	622 − 431 = 191
	S	**T**	**U**	**V**	**W**	**X**
	728 − 351 = 377	791 − 172 = 619	567 − 138 = 429	750 − 135 = 615	880 − 569 = 311	849 − 262 = 587

58

Math Riddle: Three-Digit Subtraction with Regrouping

What do you get when you cross a cow and a duck?

C H E E S E | A N D | Q U A C K E R S !
71 190 391 391 173 391 | 795 92 390 | 22 83 795 71 280 391 588 173

Watch out! Some letters are not used in the riddle.

A	B	C	D	E	F
975 − 180 = 795	811 − 361 = 450	134 − 63 = 71	620 − 230 = 390	539 − 148 = 391	943 − 751 = 192
G	**H**	**I**	**J**	**K**	**L**
562 − 381 = 181	481 − 291 = 190	421 − 281 = 140	748 − 256 = 492	870 − 590 = 280	759 − 391 = 368
M	**N**	**O**	**P**	**Q**	**R**
318 − 92 = 226	172 − 80 = 92	334 − 150 = 184	257 − 173 = 84	103 − 81 = 22	694 − 106 = 588
S	**T**	**U**	**V**	**W**	**X**
325 − 152 = 173	416 − 263 = 153	254 − 171 = 83	367 − 295 = 72	483 − 292 = 191	552 − 381 = 171

59

Math Riddle: Three-Digit Subtraction with Regrouping

What type of table does not have any legs?

A M U L T I P L I C A T I O N
359 | 82 433 219 85 522 186 219 522 7 359 85 522 388 285

T A B L E !
85 359 244 219 235

Watch out! Some letters are not used in the riddle.

A	B	C	D	E	F
890 − 531 = 359	508 − 264 = 244	145 − 138 = 7	834 − 540 = 294	392 − 157 = 235	781 − 373 = 408
G	**H**	**I**	**J**	**K**	**L**
565 − 348 = 217	235 − 126 = 109	704 − 182 = 522	673 − 459 = 214	125 − 17 = 108	456 − 237 = 219
M	**N**	**O**	**P**	**Q**	**R**
318 − 236 = 82	894 − 609 = 285	568 − 180 = 388	457 − 271 = 186	990 − 363 = 627	645 − 529 = 116
S	**T**	**U**	**V**	**W**	**X**
623 − 162 = 461	276 − 191 = 85	652 − 219 = 433	971 − 257 = 714	483 − 105 = 378	972 − 159 = 813

60

Subtraction Test 1—Differences from 0 to 10

10 − 5 = 5	4 − 2 = 2	9 − 5 = 4	5 − 2 = 3	8 − 2 = 6	2 − 0 = 2	6 − 4 = 2
9 − 7 = 2	5 − 1 = 4	6 − 3 = 3	3 − 3 = 0	8 − 6 = 2	10 − 4 = 6	7 − 5 = 2
5 − 3 = 2	1 − 1 = 0	10 − 4 = 6	7 − 3 = 4	5 − 4 = 1	9 − 4 = 5	Number Correct ___ / 20

Subtraction Test 2—Differences from 0 to 10

10 − 7 = 3	7 − 2 = 5	5 − 2 = 3	8 − 5 = 3	6 − 1 = 5	4 − 4 = 0	3 − 1 = 2
7 − 5 = 2	4 − 1 = 3	6 − 3 = 3	9 − 6 = 3	10 − 2 = 8	5 − 5 = 0	9 − 0 = 9
10 − 4 = 6	5 − 3 = 2	6 − 0 = 6	2 − 2 = 0	7 − 1 = 6	9 − 3 = 6	Number Correct ___ / 20

61

Subtraction Test 3—Differences from 0 to 10

10 − 2 = 8	4 − 3 = 1	9 − 5 = 4	5 − 4 = 1	8 − 5 = 3	2 − 1 = 1	6 − 5 = 1
9 − 9 = 0	5 − 3 = 2	6 − 4 = 2	3 − 2 = 1	8 − 7 = 1	9 − 2 = 7	7 − 2 = 5
4 − 3 = 1	1 − 0 = 1	10 − 5 = 5	6 − 3 = 3	9 − 5 = 4	8 − 1 = 1	Number Correct ___ / 20

Subtraction Test 4—Differences from 0 to 10

10 − 3 = 7	7 − 4 = 3	5 − 1 = 4	8 − 3 = 5	9 − 7 = 2	4 − 4 = 0	3 − 1 = 2
5 − 2 = 3	4 − 2 = 2	5 − 5 = 0	8 − 6 = 2	6 − 5 = 1	1 − 1 = 0	2 − 0 = 2
10 − 9 = 1	5 − 2 = 3	6 − 3 = 3	7 − 5 = 2	7 − 2 = 5	4 − 4 = 0	Number Correct ___ / 20

62

Subtraction Test 5—Differences from 0 to 10

10 − 8 = 2	4 − 2 = 2	9 − 6 = 3	5 − 3 = 2	8 − 2 = 6	2 − 2 = 0	6 − 3 = 3
9 − 2 = 7	5 − 4 = 1	6 − 5 = 1	3 − 3 = 0	8 − 6 = 2	6 − 2 = 4	7 − 3 = 4
4 − 2 = 2	1 − 0 = 1	10 − 9 = 1	6 − 2 = 4	5 − 0 = 5	9 − 7 = 2	Number Correct ___ / 20

Subtraction Test 6—Differences from 0 to 10

9 − 3 = 6	8 − 4 = 4	7 − 1 = 6	6 − 3 = 3	5 − 1 = 4	4 − 3 = 1	3 − 1 = 2
2 − 2 = 0	5 − 2 = 3	6 − 5 = 1	7 − 6 = 1	10 − 5 = 5	1 − 1 = 0	2 − 0 = 2
8 − 3 = 5	7 − 5 = 2	3 − 1 = 2	4 − 2 = 2	4 − 3 = 1	10 − 4 = 6	Number Correct ___ / 20

63

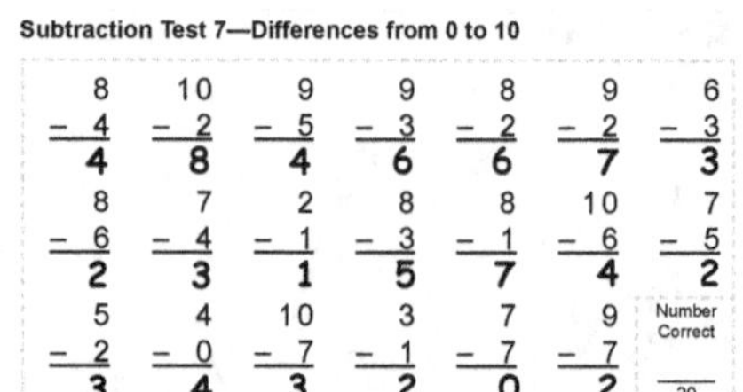

Subtraction Test 7—Differences from 0 to 10

8 − 4 = 4	10 − 2 = 8	9 − 5 = 4	9 − 3 = 6	8 − 2 = 6	9 − 2 = 7	6 − 3 = 3
8 − 6 = 2	7 − 4 = 3	2 − 1 = 1	8 − 3 = 5	8 − 1 = 7	10 − 6 = 4	7 − 5 = 2
5 − 2 = 3	4 − 0 = 4	10 − 7 = 3	3 − 1 = 2	7 − 7 = 0	9 − 7 = 2	Number Correct /20

Subtraction Test 8—Differences from 0 to 10

6 − 5 = 1	4 − 3 = 1	10 − 8 = 2	8 − 3 = 5	5 − 3 = 2	4 − 0 = 4	3 − 1 = 2
5 − 4 = 1	7 − 5 = 2	6 − 3 = 3	7 − 4 = 3	9 − 6 = 3	9 − 1 = 8	2 − 1 = 1
7 − 6 = 1	6 − 2 = 4	5 − 2 = 3	10 − 7 = 3	8 − 7 = 1	10 − 8 = 2	Number Correct /20

Subtraction Test 9—Differences from 0 to 10

7 − 6 = 1	9 − 5 = 4	10 − 2 = 8	1 − 1 = 0	8 − 2 = 6	10 − 6 = 4	9 − 7 = 2
8 − 6 = 2	10 − 7 = 3	3 − 1 = 2	8 − 3 = 5	10 − 5 = 5	4 − 4 = 0	7 − 5 = 2
8 − 0 = 8	5 − 4 = 1	7 − 4 = 3	2 − 1 = 1	8 − 8 = 0	6 − 3 = 3	Number Correct /20

Subtraction Test 10—Differences from 0 to 10

4 − 3 = 1	6 − 5 = 1	4 − 0 = 4	8 − 3 = 5	9 − 2 = 7	10 − 8 = 2	3 − 3 = 0
10 − 4 = 6	9 − 6 = 3	6 − 3 = 3	8 − 2 = 6	7 − 5 = 2	2 − 1 = 1	9 − 1 = 8
6 − 2 = 4	7 − 6 = 1	5 − 1 = 4	10 − 5 = 5	8 − 8 = 0	8 − 7 = 1	Number Correct /20

Subtraction Test 1—Differences from 11 to 20

12 − 8 = 4	11 − 6 = 5	14 − 5 = 9	16 − 9 = 7	13 − 3 = 10	17 − 9 = 8	11 − 4 = 7
18 − 9 = 9	13 − 7 = 6	12 − 6 = 6	14 − 7 = 7	15 − 6 = 9	11 − 7 = 4	16 − 6 = 10
20 − 10 = 10	14 − 9 = 5	11 − 5 = 6	19 − 9 = 10	17 − 7 = 10	13 − 6 = 7	Number Correct /20

Subtraction Test 2—Differences from 11 to 20

11 − 3 = 8	17 − 9 = 8	18 − 5 = 13	16 − 3 = 13	15 − 4 = 11	14 − 2 = 12	13 − 5 = 8
14 − 4 = 10	18 − 8 = 10	19 − 2 = 17	11 − 8 = 3	16 − 7 = 9	12 − 5 = 7	13 − 9 = 4
15 − 7 = 8	20 − 2 = 18	12 − 6 = 6	14 − 9 = 5	17 − 8 = 9	19 − 8 = 11	Number Correct /20

Subtraction Test 3—Differences from 11 to 20

12 − 3 = 9	11 − 4 = 7	14 − 3 = 11	16 − 2 = 14	13 − 4 = 9	17 − 3 = 14	11 − 6 = 5
18 − 4 = 14	13 − 3 = 10	12 − 2 = 10	14 − 1 = 13	15 − 2 = 13	11 − 9 = 2	16 − 8 = 8
20 − 3 = 17	14 − 8 = 6	12 − 9 = 3	19 − 2 = 17	17 − 1 = 16	13 − 9 = 4	Number Correct /20

Subtraction Test 4—Differences from 11 to 20

14 − 5 = 9	17 − 9 = 8	18 − 3 = 15	16 − 3 = 13	15 − 4 = 11	17 − 7 = 10	13 − 8 = 5
12 − 1 = 11	18 − 1 = 17	19 − 3 = 16	11 − 4 = 7	16 − 9 = 7	12 − 8 = 4	20 − 1 = 19
15 − 6 = 9	20 − 3 = 17	12 − 4 = 8	14 − 6 = 8	15 − 9 = 6	19 − 9 = 10	Number Correct /20

Subtraction Test 5—Differences from 11 to 20

14 − 7 = 7	16 − 8 = 8	17 − 9 = 8	18 − 8 = 10	19 − 4 = 15	12 − 3 = 9	13 − 6 = 7
18 − 9 = 9	13 − 5 = 8	12 − 8 = 4	14 − 6 = 8	15 − 7 = 8	11 − 4 = 7	16 − 3 = 13
20 − 2 = 18	14 − 1 = 13	11 − 6 = 5	19 − 3 = 16	17 − 7 = 10	13 − 2 = 11	Number Correct /20

Subtraction Test 6—Differences from 11 to 20

14 − 9 = 5	17 − 2 = 15	18 − 2 = 16	16 − 1 = 15	15 − 8 = 7	17 − 9 = 8	13 − 7 = 6
12 − 9 = 3	18 − 9 = 9	19 − 2 = 17	11 − 5 = 6	16 − 8 = 8	12 − 7 = 5	20 − 2 = 18
15 − 3 = 12	20 − 1 = 19	12 − 2 = 10	14 − 7 = 7	17 − 8 = 9	19 − 3 = 16	Number Correct /20

Subtraction Test 7—Differences from 11 to 20

12 − 5 = 7	11 − 8 = 3	14 − 9 = 5	16 − 1 = 15	13 − 9 = 4	17 − 8 = 9	11 − 2 = 9
18 − 2 = 16	13 − 7 = 6	12 − 6 = 6	14 − 5 = 9	15 − 5 = 10	11 − 3 = 8	16 − 6 = 10
20 − 10 = 10	14 − 4 = 10	12 − 3 = 9	19 − 9 = 10	17 − 9 = 8	13 − 8 = 5	Number Correct /20

Subtraction Test 8—Differences from 11 to 20

14 − 9 = 5	17 − 10 = 7	18 − 8 = 10	16 − 2 = 14	15 − 4 = 11	17 − 8 = 9	13 − 6 = 7
12 − 7 = 5	18 − 5 = 13	19 − 2 = 17	11 − 9 = 2	14 − 2 = 12	12 − 4 = 8	20 − 5 = 15
15 − 9 = 6	20 − 2 = 18	12 − 6 = 6	14 − 3 = 11	17 − 2 = 15	19 − 9 = 10	Number Correct /20

Subtraction Test 9—Differences from 11 to 20

12 − 3 = 9	11 − 4 = 7	14 − 3 = 11	16 − 2 = 14	13 − 4 = 9	17 − 3 = 14	11 − 6 = 5
18 − 4 = 14	13 − 3 = 10	12 − 2 = 10	14 − 1 = 13	15 − 2 = 13	11 − 9 = 2	16 − 8 = 8
20 − 3 = 17	14 − 8 = 6	12 − 9 = 3	19 − 2 = 17	17 − 1 = 16	13 − 9 = 4	Number Correct /20

Subtraction Test 10—Differences from 11 to 20

14 − 7 = 7	17 − 10 = 7	18 − 8 = 10	16 − 8 = 8	15 − 6 = 9	17 − 9 = 8	13 − 4 = 9
12 − 3 = 9	18 − 2 = 16	19 − 9 = 10	11 − 10 = 1	16 − 7 = 9	12 − 6 = 6	20 − 9 = 11
15 − 9 = 6	20 − 10 = 10	12 − 2 = 10	14 − 6 = 8	17 − 3 = 14	19 − 10 = 9	Number Correct /20

Subtraction Test 1—Two-Digit Subtraction Without Regrouping

56 − 13 = 43	96 − 24 = 72	64 − 33 = 31	86 − 42 = 44	74 − 54 = 20	87 − 63 = 24	97 − 76 = 21
98 − 85 = 13	73 − 73 = 0	62 − 51 = 11	54 − 1 = 53	75 − 44 = 31	89 − 29 = 60	69 − 27 = 42
25 − 13 = 12	78 − 26 = 52	69 − 31 = 38	99 − 42 = 57	87 − 51 = 36	93 − 62 = 31	Number Correct /20

Subtraction Test 2—Two-Digit Subtraction Without Regrouping

88 − 65 = 23	69 − 49 = 20	78 − 50 = 28	58 − 33 = 25	45 − 14 = 31	37 − 37 = 0	99 − 78 = 21
32 − 20 = 12	78 − 31 = 47	89 − 42 = 47	94 − 53 = 41	76 − 64 = 12	81 − 70 = 11	90 − 80 = 10
78 − 46 = 32	25 − 13 = 12	99 − 64 = 35	89 − 76 = 13	83 − 52 = 31	59 − 29 = 30	Number Correct /20

Subtraction Test 3—Two-Digit Subtraction Without Regrouping

54 − 13 = 41	96 − 21 = 75	65 − 33 = 32	86 − 32 = 54	79 − 57 = 22	97 − 63 = 34	94 − 73 = 21
97 − 86 = 11	72 − 72 = 0	69 − 31 = 38	53 − 2 = 51	75 − 40 = 35	89 − 19 = 70	69 − 27 = 42
25 − 13 = 12	49 − 29 = 20	59 − 31 = 28	99 − 49 = 50	84 − 50 = 34	96 − 62 = 34	Number Correct /20

Subtraction Test 4—Two-Digit Subtraction Without Regrouping

23 − 12 = 11	97 − 76 = 21	78 − 50 = 28	45 − 31 = 14	19 − 14 = 5	67 − 44 = 23	69 − 58 = 11
57 − 37 = 20	78 − 63 = 15	53 − 52 = 1	60 − 20 = 40	98 − 16 = 82	69 − 41 = 28	32 − 12 = 20
56 − 13 = 43	39 − 13 = 26	24 − 22 = 2	33 − 21 = 12	79 − 8 = 71	54 − 22 = 32	Number Correct /20

Subtraction Test 5—Two-Digit Subtraction Without Regrouping

12−11=1 76−24=52 24−13=11 85−44=41 54−34=20 97−63=34 46−26=20
58−8=50 15−12=3 59−47=12 96−51=45 85−41=44 39−25=14 78−67=11
25−14=11 38−20=18 64−33=31 82−22=60 38−37=1 95−51=44 Number Correct __/20

Subtraction Test 6—Two-Digit Subtraction Without Regrouping

49−12=37 84−72=12 71−50=21 42−31=11 55−14=41 68−44=24 90−50=40
56−45=11 75−34=41 87−26=61 48−20=28 37−14=23 15−10=5 95−12=83
49−40=9 86−21=65 78−74=4 59−13=46 43−32=11 60−50=10 Number Correct __/20

Subtraction Test 7—Two-Digit Subtraction Without Regrouping

76−52=24 88−24=64 66−33=33 87−44=43 82−30=52 55−23=32 43−21=22
88−48=40 96−56=40 68−67=1 57−36=21 35−24=11 19−5=14 49−27=22
38−24=14 27−24=3 77−52=25 99−48=51 87−53=34 93−61=32 Number Correct __/20

Subtraction Test 8—Two-Digit Subtraction Without Regrouping

93−73=20 87−61=26 62−40=22 84−33=51 59−57=2 99−79=20 90−80=10
48−36=12 64−54=10 86−26=60 47−20=27 38−14=24 17−16=1 94−42=52
93−40=53 45−21=24 78−26=52 87−13=74 43−32=11 60−50=10 Number Correct __/20

Subtraction Test 9—Two-Digit Subtraction Without Regrouping

54−4=50 88−34=54 69−31=38 37−14=23 81−30=51 55−43=12 43−1=42
59−48=11 27−10=17 86−61=25 53−32=21 49−24=25 66−5=61 81−20=61
87−15=72 49−25=24 55−20=35 44−42=2 67−51=16 98−66=32 Number Correct __/20

Subtraction Test 10—Two-Digit Subtraction Without Regrouping

74−22=52 66−65=1 43−30=13 57−23=34 99−57=42 61−41=20 60−10=50
48−33=15 64−23=41 86−12=74 47−27=20 32−11=21 17−13=4 98−47=51
93−50=43 45−11=34 78−66=12 87−25=62 48−32=16 60−30=30 Number Correct __/20

Subtraction Test 1—Two-Digit Subtraction with Regrouping

54−9=45 88−29=59 66−38=28 34−16=18 82−39=43 55−47=8 43−9=34
55−49=6 20−17=3 81−66=15 52−33=19 44−29=15 66−7=59 81−29=52
86−18=68 45−29=16 50−24=26 72−44=28 61−57=4 96−68=28 Number Correct __/20

Subtraction Test 2—Two-Digit Subtraction with Regrouping

72−24=48 75−69=6 40−33=7 53−27=26 96−57=39 61−49=12 60−16=44
42−38=4 63−24=39 82−16=66 91−37=54 34−19=15 51−43=8 97−48=49
90−53=37 41−25=16 76−58=18 83−17=66 42−33=9 60−59=1 Number Correct __/20

Subtraction Test 3—Two-Digit Subtraction with Regrouping

94−6=88 78−39=39 56−17=39 47−28=19 22−15=7 85−59=26 93−67=26
30−18=12 50−23=27 86−47=39 91−22=69 83−18=65 75−7=68 60−3=57
82−53=29 41−15=26 50−26=24 43−29=14 64−37=27 94−56=38 Number Correct __/20

Subtraction Test 4—Two-Digit Subtraction with Regrouping

84−25=59 84−65=19 60−32=28 84−26=58 97−59=38 60−41=19 70−15=55
52−34=18 78−49=29 90−62=28 47−29=18 53−18=35 31−16=15 96−57=39
21−19=2 35−28=7 88−69=19 55−19=36 73−35=38 90−57=33 Number Correct __/20

Subtraction Test 5—Two-Digit Subtraction with Regrouping

50−31=19 42−36=6 84−58=26 90−28=62 52−15=37 61−57=4 97−69=28
75−48=27 71−22=49 60−59=1 21−15=6 83−14=69 65−7=58 80−44=36
60−53=7 81−14=67 45−38=7 96−77=19 52−33=19 90−62=28 Number Correct __/20

Subtraction Test 6—Two-Digit Subtraction with Regrouping

51−26=25 82−65=17 40−34=6 34−27=7 92−53=39 83−47=36 70−12=58
91−14=77 87−29=58 70−32=38 61−49=12 52−28=24 38−19=19 42−27=15
84−19=65 75−29=46 67−38=29 51−13=38 34−25=9 50−47=3 Number Correct __/20

Subtraction Test 7—Two-Digit Subtraction with Regrouping

70−21=49 63−36=27 55−28=27 46−18=28 31−15=16 90−57=33 88−49=39
20−18=2 31−22=9 84−59=25 64−15=49 54−18=36 91−7=84 67−48=19
90−53=37 42−14=28 34−28=6 96−77=19 90−49=41 80−61=19 Number Correct __/20

Subtraction Test 8—Two-Digit Subtraction with Regrouping

51−26=25 92−65=27 40−34=6 34−27=7 92−53=39 83−45=38 70−12=58
91−34=57 67−29=38 50−42=8 61−59=2 82−38=44 78−19=59 82−67=15
94−76=18 55−29=26 63−38=25 40−13=27 62−25=37 32−19=13 Number Correct __/20

Subtraction Test 9—Two-Digit Subtraction with Regrouping

82−68=14 93−77=16 66−28=38 44−18=26 33−15=18 91−27=64 80−19=61
73−56=17 51−48=3 84−37=47 62−18=44 53−16=37 91−5=86 77−28=49
64−48=16 52−36=16 34−15=19 66−27=39 90−45=45 80−22=58 Number Correct __/20

Subtraction Test 10—Two-Digit Subtraction with Regrouping

41−19=22 82−44=38 60−28=32 34−27=7 52−28=24 65−48=17 81−33=48
55−26=29 70−39=31 65−58=7 81−59=22 71−32=39 63−18=45 93−69=24
36−17=19 65−29=36 95−38=57 65−16=49 44−25=19 32−18=14 Number Correct __/20

Subtraction Test 1—Three-Digit Subtraction Without Regrouping

564−461=103 782−232=550 696−385=311 587−161=426 482−241=241 355−34=321 269−143=126
553−132=421 203−103=100 897−667=230 563−332=231 459−224=235 687−126=561 879−231=648
286−172=114 454−203=251 583−252=331 479−452=27 673−240=433 988−916=72 Number Correct __/20

Subtraction Test 2—Three-Digit Subtraction Without Regrouping

574−222=352 769−665=104 642−330=312 457−143=314 399−347=52 869−541=328 963−651=312
248−133=115 684−283=401 886−614=272 597−431=166 449−104=345 753−332=421 998−687=311
393−190=203 245−241=4 778−755=23 987−133=854 843−422=421 769−110=659 Number Correct __/20

Subtraction Test 3—Three-Digit Subtraction Without Regrouping

```
 996   679   257   348   522   489   793
-394  -238  -146  -127  -210  -355  -261
 602   441   111   221   312   134   532

 838   153   687   892   588   277   463
-510  -123  -146  -720  -323  -114  -440
 328    30   541   172   265   163    23

 783   945   256   143   668   996   Number Correct
-542  -711  -220   -22  -431  -854   ____
 241   234    36   121   237   142    20
```

Subtraction Test 4—Three-Digit Subtraction Without Regrouping

```
 685   765   362   886   999   561   475
-524  -164  -131  -634  -237  -530  -130
 161   601   231   252   762    31   345

 258   979   492   749   658   536   397
-134  -749  -360  -227  -217  -201  -206
 124   230   132   522   441   335   191

 869   138   149   259   975   897   Number Correct
-501  -120   -28  -215  -453  -150   ____
 368    18   121    44   522   747    20
```

Subtraction Test 5—Three-Digit Subtraction Without Regrouping

```
 560   448   849   920   557   869   997
-150  -316  -518  -220  -315  -157  -690
 410   132   331   700   242   712   307

 763   766   682   298   865   668   743
-412  -242  -351  -142  -244  -527  -612
 351   524   331   156   621   141   131

 794   853   468   989   568   975   Number Correct
-330  -441  -238  -178  -533  -432   ____
 464   412   230   811    35   543    20
```

Subtraction Test 6—Three-Digit Subtraction Without Regrouping

```
 536   645   454   387   996   853   756
 -21  -645  -340  -174  -583  -451  -145
 515     0   114   213   413   402   611

 934   857   741   639   522   369   871
-131  -234  -311  -412  -210  -300  -221
 803   623   430   227   312    69   650

 896   745   687   577   389   556   Number Correct
-131  -222  -381  -143  -144  -402   ____
 765   523   306   434   245   154    20
```

Subtraction Test 7—Three-Digit Subtraction Without Regrouping

```
 471   569   758   948   345   297   189
-220  -137  -425  -816  -231  -150  -149
 251   432   333   132   114   147    40

 528   637   889   966   358   297   668
-410  -123  -674  -515  -134  -201  -345
 118   514   215   451   224    96   323

 793   854   438   579   999   681   Number Correct
-560  -242  -124  -263  -140  -560   ____
 233   612   314   316   859   121    20
```

Subtraction Test 8—Three-Digit Subtraction Without Regrouping

```
 856   365   544   637   796   983   872
-221  -264  -330  -424  -253  -941  -110
 635   101   214   213   543    42   762

 494   579   152   769   688   979   487
-431  -247  -110  -551  -142  -718  -262
  63   332    42   218   546   261   225

 896   359   668   943   765   839   Number Correct
-574  -125  -633  -310  -320  -112   ____
 322   234    35   633   445   727    20
```

Subtraction Test 9—Three-Digit Subtraction Without Regrouping

```
 489   797   568   348   835   697   989
-260  -373  -427  -238  -513  -521  -661
 229   424   141   110   322   176   328

 176   258   587   368   956   894   678
-153  -105  -134  -314  -423  -321  -322
  23   153   453    54   533   573   356

 968   756   935   267   995   682   Number Correct
-354  -132  -524  -226  -840  -410   ____
 614   624   411    41   155   272    20
```

Subtraction Test 10—Three-Digit Subtraction Without Regrouping

```
 649   584   868   337   458   968   783
-311  -242  -120   -24  -322  -245  -731
 338   342   748   313   136   723    52

 156   679   868   989   772   568   499
-125  -550  -655  -451  -351  -413  -463
  31   129   213   538   421   155    36

 337   269   198   667   845   938   Number Correct
-216  -165  -138  -407  -324  -212   ____
 121   104    60   260   521   726    20
```

Subtraction Test 1—Three-Digit Subtraction with Regrouping

```
 770   636   555   843   354   261   427
-421  -396  -228  -418  -260  -157  -155
 349   240   327   425    94   104   272

 375   682   446   423   988   561   929
-247  -453  -283  -371  -393  -137  -858
 128   229   163    52   595   424    71

 557   821   770   466   361   535   Number Correct
-473  -514  -141  -248  -252  -107   ____
  84   307   629   218   109   428    20
```

Subtraction Test 2—Three-Digit Subtraction with Regrouping

```
 727   754   454   831   593   916   860
-241  -294  -335  -370  -567  -493  -151
 486   460   119   461    26   423   709

 467   609   824   917   353   560   978
-385  -243  -184  -392  -193  -435  -409
  82   366   640   525   160   125   569

 904   415   773   883   421   676   Number Correct
-454  -262  -581  -147  -371  -139   ____
 450   153   192   736    50   537    20
```

Subtraction Test 3—Three-Digit Subtraction with Regrouping

```
 964   781   555   475   224   855   931
-356  -391  -172  -248  -174  -593  -617
 608   390   383   227    50   262   314

 302   506   862   451   830   766   660
-152  -295  -437  -270  -111  -581  -223
 150   211   425   181   719   185   437

 842   419   503   436   680   946   Number Correct
-533  -154  -261  -256  -312  -562   ____
 309   265   242   180   368   384    20
```

Subtraction Test 4—Three-Digit Subtraction with Regrouping

```
 744   642   605   804   971   603   707
-254  -105  -321  -262  -591  -412  -145
 490   537   284   542   380   191   562

 528   718   908   411   573   310   936
-345  -491  -622  -290  -128  -150  -576
 183   227   286   121   445   160   360

 214   359   883   554   731   906   Number Correct
-191  -279  -691  -194  -303  -573   ____
  23    80   192   360   428   333    20
```

Subtraction Test 5—Three-Digit Subtraction with Regrouping

```
 507   432   894   934   572   641   957
-316  -316  -587   -28  -164  -505  -629
 191   116   307   906   408   136   328

 753   751   609   228   873   684   806
-591  -202  -589  -165   -14  -476  -423
 162   549    20    63   859   208   383

 947   381   545   796   852   690   Number Correct
-881  -145  -327  -718  -329  -642   ____
  66   236   218    78   523    48    20
```

Subtraction Test 6—Three-Digit Subtraction with Regrouping

```
 544   612   460   324   968   863   719
 -26  -604  -353  -217  -570  -416  -127
 518     8   107   107   398   447   592

 941   875   706   661   582   389   432
-134  -292  -325  -419  -268  -190  -251
 807   583   381   242   314   199   181

 853   715   687   515   374   980   Number Correct
-109  -291  -329  -130  -245  -467   ____
 744   424   358   385   129   513    20
```

Subtraction Test 7—Three-Digit Subtraction with Regrouping

```
 546   858   667   347   391   559   423
-273  -219  -381  -164  -329  -470  -119
 273   639   286   183    62    89   304

 858   290   809   525   447   676   817
-519  -178  -616  -306  -297  -228  -209
 339   112   193   219   150   448   608

 856   455   530   451   641   964   Number Correct
-138  -219  -224  -404  -537  -655   ____
 718   236   306    47   104   309    20
```

Subtraction Test 8—Three-Digit Subtraction with Regrouping

```
 595   642   450   354   936   873   750
 -36  -405  -314  -137  -243   -45  -122
 559   237   136   217   693   828   628

 912   697   520   618   538   768   862
-342  -229  -413  -597  -398  -139  -690
 570   468   107    21   140   629   172

 864   951   453   508   842   722   Number Correct
-736  -291  -308  -138  -262  -119   ____
 128   660   145   370   580   603    20
```

Subtraction Test 9—Three-Digit Subtraction with Regrouping

```
 812   923   664   443   333   986   801
-681  -772  -284   -18  -125  -267  -191
 131   151   380   425   208   719   610

 735   518   847   629   537   914   797
-562  -488  -355  -180  -176  -544  -238
 173    30   492   449   361   370   559

 644   592   348   656   905   806   Number Correct
-427  -346  -154  -270  -455  -223   ____
 217   246   194   386   450   583    20
```

Subtraction Test 10—Three-Digit Subtraction with Regrouping

```
 451   822   609   364   542   655   871
 -19  -404  -258  -237  -218  -429  -345
 432   418   351   127   324   226   526

 554   735   685   851   781   693   933
-262  -316  -568  -129  -362  -188  -616
 292   419   117   722   419   505   317

 936   865   708   865   564   492   Number Correct
-417  -329  -538  -106  -245  -188   ____
 519   536   170   759   319   304    20
```

www.ingramcontent.com/pod-product-compliance
Lightning Source LLC
Chambersburg PA
CBHW080324030726
47593CB00009B/2877